U0628726

中小学学校文化建设策略

李志杰　著

学苑出版社

图书在版编目（CIP）数据

中小学学校文化建设策略 / 李志杰著 ． — 北京：
学苑出版社，2023.8
ISBN 978-7-5077-6713-1

Ⅰ．①中… Ⅱ．①李… Ⅲ．①中小学－校园文化－建
设－研究 Ⅳ．① G637

中国国家版本馆 CIP 数据核字（2023）第 157937 号

责任编辑：乔素娟
出版发行：学苑出版社
社　　　址：北京市丰台区南方庄 2 号院 1 号楼
邮政编码：100079
网　　　址：www.book001.com
电子邮箱：xueyuanpress@163.com
联系电话：010-67601101（销售部）、010-67603091（总编室）
印 刷 厂：河北赛文印刷有限公司
开本尺寸：710 mm×1000 mm　1 / 16
印　　张：9.5
字　　数：190 千字
版　　次：2024 年 1 月第 1 版
印　　次：2024 年 1 月第 1 次印刷
定　　价：68.00 元

作者简介

李志杰，1975 年生，山东东营人，中共党员，硕士研究生学历，高级教师。现任山东省东营市春晖小学副校长、新疆喀什地区疏勒县东营第二希望小学校长（援疆）。先后获得东营市先进工作者、东营市"五一"劳动奖章、东营最美教师、东营市优秀教育工作者、山东省优秀电化教学研究人员、山东省教育援疆先进个人、山东援疆优秀共产党员等 40 余项市级以上荣誉称号。主持省、市科研课题 12 项，组织编写教材 3 部，2 项教科研成果获东营市社会科学优秀成果奖一等奖。

前　　言

学校文化，作为一种教育活动的重要因素与学校相伴而生。它以自己特有的形态体现在学校的物质环境、精神氛围、管理制度以及师生的各种活动之中。关于学校文化的理论和思想也程度不同地渗透在教育学、文化学、卫生学等相关著作里。但明确提出"学校文化建设"的概念，引起教育界、理论界人士的广泛关注，并企图建立"学校文化建设"的科学新体系，还是近几年的事情。这种现象的出现不是偶然的，是社会主义发展对学校教育提出的新要求，是教育改革深化发展的必然结果。在我国，它又是改革开放形势下培养新型人才的需要。本书以"中小学学校文化建设"为研究内容，如不作特殊交代，"学校文化建设"皆指"中小学学校文化建设"。

由于笔者水平有限，加之时间仓促，书中难免有不足之处，恳请各位读者不吝赐教。

李志杰

2023 年 6 月

目　　录

第一章 学校文化的基本理论

第一节 文化的概述

文化是反映人类在社会实践过程中形成的创造性成果的一种社会现象。学校文化是整个人类文化的有机组成部分，是一种社会亚文化，具有文化品质内在的规定性、继承性和传播性，因此，要正确地阐释学校文化，首先必须认识文化的内涵及其基本特征。

一、文化的内涵

文化，如同马克思的《资本论》中作为分析起点的商品一样，是我们每时每刻都能耳闻目睹、接触到、感受到的，但恰恰又可能是我们熟视无睹的东西。近现代以来，随着人类学、文化学的兴起，"文化"一词的使用日益广泛，但由于文化本身是一个极其复杂的社会现象，因此，关于文化的确切含义，争论了百余年至今仍没有统一的看法。据有的学者统计，现今中外学术界，对"文化"概念的理解已达20种。

"文化"的英文为culture，从词源上讲源于拉丁文gultura。其本意是指为敬神而耕作所获得的一切东西，主要指人类物质活动所产生的结果，它是相对于自然存在的事物而言的。在我国，较早将"文化"作为一个词来使用的是西汉的刘向。刘向在《说苑·指武》中称："圣人之治天下也，先文德而后武力。凡武之兴，为不服也，文化不改，然后加诛。夫下愚不移，纯德之所不能化，而后武力加焉。"这里的"文化"是指与"武力镇压"相对应的"文德教化"，还不能算是严格意义上的整词，颇有动词的意味。严格意义上使用"文化"一词，是在晋人束皙、南齐王融的诗文中。束皙在《补亡诗》中有"文化内辑，武功外悠"的句子，王融在《曲水诗序》中说："设神理以景俗，敷文化以柔远。"显然，"文化"在这里已属于名词意义上的概念，其含义包括文治、教化和礼乐典章制度等，但与现代意义的文化在内涵上仍有相当大的差别。

一般说来，将文化作为特定的研究对象来进行研究的历史，在西方可以上溯到19世纪上半叶。1843年，德国学者克莱姆写了《普通文化史》一书，10年之后他又出版了《普通文化学》一书，从而拉开了文化学研究的序幕。1952年美国学者克鲁伯和克拉克洪合作完成了《文化：关于概念和定义的探讨》一书，该书统计的从1871年到1951年全球有一定影响力的关于文化的定义就有164种之多。出现这种情况的原因主要在于学科的不同和研究者所处的地位、研究方向和研究角度的不同。而在探讨文化现象的诸多论著中，特别值得一提的是，英国文化人类学家爱德华·伯内特·泰勒于1871年出版了《原始文化》一书，该书的主要贡献在于对"文化"一词进行了多重限定，探讨了文化的起源和文化的区域划分等问题，成为现代文化学真正的奠基之作，具有划时代的意义。在爱德华·伯内特·泰勒看来，"文化，或文明，就其广泛的民族学意义来说，它是指一个复杂的整体，其中包括知识、信仰、艺术、道德、法律、风俗以及作为一个社会成员的人所掌握的、接受的任何其他的才能和为惯的复合体"。爱德华·伯内特·泰勒在这里虽然只是给"文化"做出了一个描述性的定义，但第一次给了文化一个整体性的概念，为以后人们界定文化时划出了一个基本范围。后来的一些学者对爱德华·伯内特·泰勒的"文化"定义加以修正，在"知识"前面加上了实物，旨在明确文化不仅指精神性的东西，而且也指物质性的东西。

在国内，"文化"定义之争的激烈态势，较西方而言毫不逊色。我国近代学者梁启超、梁漱溟、胡适、陈独秀等都曾对"文化"做过定义。新中国成立以后的30多年中，学术界对文化学的研究显得较为薄弱，但到20世纪80年代末兴起"文化热"之后，这种情况有了改变。近年来，不少潜心于文化研究的专家、学者对文化概念发表了自己的观点，但仍未达成共识。

尽管文化概念各不相同，但在争执不下的表象背后，我们可以发现各家各派对"文化"的阐释中仍然存在基本的一致性和共同性。不论哪种关于文化的定义，都承认文化伴随人类而来，是人类创造的；都承认文化一旦被创造出来，就不为尧存，不为桀亡，就在一切社会历史的传递中成为超越社会有机体、也超越个体心理而存在的有意义的现象世界。它构成了一个客观现实的人类世界，也构成了人类生存的意义世界。正是这样一个有价值、有意义的世界，一个独立的体系或系统，塑造了一代又一代人的心理和价值观念。因此，文化世界是人类创造的，而且同时也在不断地创造着人类，自然的人化和人的自然化促成了世界的二重化，日益创造着不同国家、民族、社区人们的性格、心理、行为方式以及种种价值观念。这种关于文化理解的一致性和对文化所做的对象性规定，显然意味着同时确认文化具有最广泛的意义，承认可以进行广义文化的哲学思考，从而获得对文化的整体性认识。

二、文化的基本特征

通过对关于"文化"的各种概念的归纳，可以发现其自身所固有的文化特性和基本特征。

（一）文化的可习得性

人类为了生存和发展，必须学习各种技能和知识，必须学习这个社会所接受的各种生活和行为方式，从而使这个社会的文化代代相传。

（二）文化的创造性

把文化和自然事物相比，其明显标志就是其创造性。一切自然形态的东西都不属于文化的范畴，但自然存在一经烙上人类加工、改造的痕迹，而成为一种物质财富或精神财富时，便成了文化现象。

（三）文化的共享性

文化作为一种群体性很强的存在，其具体内容可以多种多样，但它们无一例外都是超个体的，不能说某个人独立具有的东西是文化。文化必须是社会成员所共享的，并在很大程度上决定了社会成员的思维模式和感觉方式，否则社会成员便不能相互交流、沟通和合作，整个社会也必然陷入混乱之中。

（四）文化的时空性

文化的时空性主要是指文化的时代性和空间性。文化的时代性指的是文化有着自身的起源、演化、变迁的规律，在表现形态上既表现为某些文化模式的不断丰富，也表现为某些文化模式、因素的逐渐枯萎以至消亡。文化的空间性指的是随空间区域的不同而形成不同的文化模式、文化层次。按区域大小、性质的不同，文化可分为文化群、文化圈、文化区等。不同的人群，拥有不同的文化模式。

基于以上认识，从社会学角度分析，对"文化"的理解应该是广义的。人类文化在其产生、传播、变迁、发展并走向未来的总体运动进程中，组合为一储构系统。该系统主要包括物质文化、精神文化和制度文化等三大要素，而这三大要素实际上又各自包含更多低层次要求的子系统。简言之，文化就是人类在与自然相互作用及社会生活中创造的物质财富、精神财富的总和，包括人类所创造的物质产品、社会活动条件和精神产品。本书有关学校文化的论述，都基于对"文化"的这种阐释和理解。

第二节　学校文化分析

学校是现代社会中一种最重要的社会组织，与文化有着千丝万缕的联系。从学校的建筑、学校的布局、学校的管理、人际关系，到学校的教育目的、教育理念、教育内容与方法等，都是社会文化的折射，都反映着浓厚的文化色彩。

自20世纪80年代以来，受组织文化研究的影响，我国掀起了学校文化研究的热潮。如今，学校文化建设的理论探讨方兴未艾。然而，对于什么是学校文化，人们的观点不一，可谓见仁见智。这一方面反映出学校文化建设的丰富性、多样性和不确定性，另一方面也说明人们对学校文化建设的认识经历了不断深化的过程。近年来，人们试图从不同角度对学校文化的内涵做出科学的界定，提出了许多看法和观点。

第一，"物质财富和精神财富说"。认为学校文化是在学校教育环境下，在培养人才和不断完善自身的实践中形成的具有本校特征的物质财富和精神财富的总和。

第二，"课外活动说"。认为学校文化是指以学生为主体开展的课外活动，作用是娱乐、调剂学生的文化生活。

第三，"第二课堂说"。认为学校文化是学生接受道德与艺术教育的第二课堂，是第一课堂的延伸，"学校文化从狭义上讲是开展健康的文化艺术活动和对学生进行文化艺术教育"。

第四，"精神环境和文化氛围说"。认为学校文化是指学校在教学、管理及整个教育过程中逐渐形成的特定文化氛围和文化传统以及通过学校载体来反映和传播的各种文化现象。

第五，"规范说"。认为学校文化是指学校在教育实践中逐渐形成并为学校成员认同的以价值观为核心的群体意识和群体行为规范。

一、学校文化的含义

教育界对学校文化主要有以下三种看法。

一是狭义的理解。认为学校文化就是学校的艺术教育和学生的课外文化活动。其主要内容就是传播艺术知识、进行审美教育，组建各类文化艺术社团，开展各种文化艺术活动，丰富学校生活，提高学生的文化修养、道德情操和审美观点。这种观点实际上把学校文化限于美育的范畴。

二是广义的理解。认为学校文化是学校在建设和发展中所形成的物质文明和精神文明的总和，包括办学中的硬件与软件、外显文化与隐形文化两部分。这种认识的显著特点就是学校文化不仅包括非物质的文化，而且包括了物质文化。诸如学校的教职工队伍构成状况、教学科研设备状况、学校的校容校貌等都是学校文化的重要表现。

三是介于广义和狭义之间的理解。认为学校文化包括学校的思想、意识、观念、习惯及情感领域，是在一个学校范围内，在长期育人过程中形成的独特的价值观念、社会心理、审美情趣、思维模式、行为方式以及与此相关的校风学风。

上述三种看法，各有其长和其短。我们认为，学校文化是指学校全体师生员工在长期的办学过程中培育形成并共同遵循的最高目标、价值标准、基本信念和行为规范。学校文化是一种管理文化、教育文化及微观组织文化。

（一）学校文化是一种管理文化

学校的管理实质上是一种文化管理。

学校的教育对象是人，教育者、管理者及服务者是人，因而学校一切工作的中心都是人。学校办学目标的实现，要依赖计划、组织、控制、激励和领导等管理措施来协调人、财、物和信息等各种资源，要采用一系列相应的管理手段及方法，但其核心是要调动人的积极性。学校中的劳动主要是脑力劳动，教师的教学科研、干部职员的教育管理、学生的学习研究都主要以自我控制方式进行，需要自我激励、自我约束，发挥他们自身的内在积极性、创造性。认识到学校文化是一种管理文化，学校就应该充分尊重关心爱护教职工和学生，在学校目标的引导下形成团结一心的强大凝聚力，使学校成为教职工发挥聪明才智、实现人生价值的舞台，成为学子们自我塑造和完善的人生课堂。

（二）学校文化是一种教育文化

首先，学校是一个从事人才培养和科学研究的教育单位，既是教学基地又是科研基地，而其中首要的是人才培养。因此，学校文化反映的是学校这一教育机构的价值观、人才观、最高目标、办学宗旨、教育思想、道德规范及行为规范。与企业文化、医院文化等其他组织管理文化不同，学校文化包括了学校的最高目标、教育思想、办学方针、教学模式、治学态度及其有关的制度等。学校一项重要的办学目标就是有效地利用各种资源，培养更多更好的人才，以最大限度地满足社会的需求，因此，社会效益是学校追求的最大目标和区别于其他社会组织的显著标志之一。没有学校的教学活动，就不能生成具有学校特征的文化现象，这是学校文化的一个重要特征。

其次，学校文化不仅随外界政治的、社会的、经济的环境影响而变化，而且一定随内外育人环境的变化而变化，这也是学校文化作为一种教育文化的重要特点，决不能仅仅把学校文化看作学校文化活动或学生思想政治工作范畴的事情。

再次，学校文化也制约着学校育人活动的各个方面，当社会的人才成长环境和人才需求标准发生较大变化时，如果学校不及时更新学校文化以适应这种变化，将使学校发展受到制约，甚至使学校培养的学生得不到社会的认可。

最后，学校文化是精神文化和物质文化相结合的产物，物质文化不仅指学校的物质条件和经济活动，而且更主要的是指它们所反映出来的学校传统、思想、审美观、情感和校风学风以及为教学科研服务的意识等。

（三）学校文化是一种微观组织文化

学校组织是人们为了达到办学目的，经由分工与合作及不同层次的权力和责任制度而构成的人才培养的集体，是社会的基本细胞。这一组织除了有组织原则、组织结构、组织过程及必要的规章制度之外，更重要的是要有学校文化，使学校组织有一个共同的群体意识及行为准则，以营造和谐的人际关系，形成团结、互助、融洽的组织气氛。

学校文化是学校的组织文化，是学校中组织成员在组织中表现出来的做事方式和处世态度，其核心是这些做事方式和处世态度的"内隐规矩"和"内隐概念"，这种"内隐规矩"和"内隐概念"才是学校文化真正的、真实的内容（"内隐规矩"指大多数组织成员在主导的或者说强势的做事方式的左右中形成的不约而同的某种做事方式；"内隐概念"指做事方式中体现的对于某个问题的价值判断）。

为什么个人在校内的做事方式和处世态度可能与其在校外截然不同，正是因为在校内有"内隐规矩"和"内隐概念"存在。

说学校文化是一种组织文化，还在于有组织才有组织文化，学校文化随学校组织原则、组织结构、组织过程及组织环境的变化而相应改变。学校文化既受其所置身的社会文化、民族文化的制约和影响，又具有一定的独立性，并反过来用其创造的物质文明和精神文明来推动社会的文明建设、影响和改变国家的宏观文化。因此，学校文化是一种微观组织文化。

二、学校文化的内容和组成成分

（一）学校文化的内容

学校文化的内容主要包括四个方面：最高目标或宗旨（为社会造就"四有"人才）、共同价值观（培养一流人才、社会效益第一、以人为中心、充分尊重师生员工，发挥他们的主动性、积极性和创造性，强调团结协作、提倡爱国主义和集体主义，提倡和鼓励创新、以科技推动社会进步）、作风及传统习惯、行为规范和规章制度。

（二）学校文化的组成成分

1. 物质层

这是学校文化的表层部分，是形成精神层和制度层的条件，物质层中往往可以透射出办学思想、教育方针、价值观、人才观、道德风尚、校风学风等，是学校文化的物质载体和凝聚。它主要包括三个方面。

（1）校容校貌

学校的自然环境、建筑风格、花草树木、教室布置、体育场所分布、生活条件等，都是学校文化的直观载体，是营造文化氛围的最直接外在因素。和谐的物理环境能够营造浓郁的文化氛围，给师生较强的文化心理暗示。

（2）教学手段和科研条件

这不是指教学设施、科研仪器、实验室设备这些物体本身，而是凝聚其中并通过它们反映出来的教育思想、办学理念、人才观念、治学态度等。

（3）课外文化、体育、科技活动

这主要指学生课外的文化艺术、科技学术和体育健身活动的品位、层次、频度等所反映的学校办学方针、人才观、校风学风等，而不是指这些活动的环境、条件设施及内容、形式本身等物质载体。

2. 制度层

制度层是学校文化的中间层次，是指对学校师生员工和学校组织产生规范性、约束性影响的部分，它集中体现了学校文化的精神层和物质层对个体和群体的行为要求。制度层主要是规定了学校成员在共同的教学科研管理活动中所应遵循的行为准则，包括以下三个方面。

（1）工作和学习制度

这具体指教学管理制度、学籍管理制度、课外活动管理制度、政治思想工作制度、科研管理制度、后勤及生活制度、设备管理制度、财务制度、劳动人事制度、体育锻炼制度、考试制度、奖助学金制度、违纪处分制度等，这些成文的制度与约定及不成文的校纪校规，对学校师生员工及内部各级组织的言行起约束作用。

（2）责任制度

责任制度是指学校内部各级组织、各类人员工作的权力及责任制度，目的是使每位教职工、每名学生、每个部门都有明确的分工和职责，使学校能高效有序地运转。主要包括干部分工负责制、各职能机构和职能人员责任制、教职工岗位责任制以及学生的学习责任制等。

（3）特殊制度

这主要是指学校的非程序化制度，如"双肩挑"政治辅导员制度、德育辅导员制度、学生综合评估制度、学生社会实践制度、校长接待日制度、家校联系制度等。

3. 精神层

这主要指学校领导、教职工和学生共同信守的基本信念、价值标准、道德风尚及精神风貌，它是学校文化的核心和灵魂，是形成学校文化制度层和物质层的前提和根源。学校文化中有无精神层或精神层的优劣，是衡量一所学校是否建立了自己的学校文化或学校文化优劣的标志和标准。学校文化精神层主要包括下述五个方面。

（1）学校目标

它是学校发展战略的核心，我国各级各类学校都应把培养有理想、有文化、有道德、有纪律的"四有"人才作为学校的根本目标，只有树立了这样的目标才能坚持正确的政治方向、充分调动各方面积极因素。学校目标是学校共同价值观的集中体现，也是学校文化建设的出发点和归宿点。

（2）教育思想

教育思想或称办学思想，这是学校为实现根本目标而在教学科研管理等一切活动中奉行的基本信念，是学校领导班子对人才培养方针、战略和策略的哲学思考。它是在学校长期办学的实践中自觉形成的，并为全体师生员工所认可和接受，具有相对的稳定性。一个学校只有用正确的教育思想作指导，才能不断提高办学效益和教学水平，取得好的育人效果，实现学校目标。

（3）学校精神

它是学校有意识地提倡、培养的师生员工群体的优良精神风貌，是对学校已有的观念意识、传统习惯、行为方式中的积极因素进行总结、提炼和倡导的结果，是全体师生有意识地实践所体现出来的。因此，学校精神是学校文化发展到一定阶段的产物。校训是学校精神的概括和集中体现，因其文字简练、内涵深远而被广为流传。

（4）校风学风

工厂有厂风、医院有院风，学校则有校风。校风是学校文化的外在表现，是学校及其教职工在办学过程中形成的一种精神状态及精神风貌。校风一般有两层含义：第一层是指一般的良好风气，只有形成了带有普遍性的、重复出现且相对稳定的行为心理状态，并成为影响学校生活的重要因素时，才具"风"之意义（如开拓进取之风、团结友爱之风、严谨勤奋之风等）；第二层是指一所学校区别于其他学校的独特风气，反映了学校的个性特色。

校风包括教学作风、科研作风、工作作风、生活作风、体育锻炼风气等组成部分。而就学校的根本目标来看，学风是校风的首要方面。我国的学校学风一般都具有"严谨、勤奋、求实、创新"的共同点。

校风是学校文化的外在表现，通过学校全体师生员工的言行举止反映出来，而学校文化是校风学风的本质内涵。校风是约定俗成的行为规范，一旦形成便可在学校中造成一定的氛围，形成学校集体的心理定势，成为影响全体成员的无形的巨大力量。吸收社会风气的积极因素、排除消极因素，建立优良的校风学风能使全校师生员工产生强大的凝聚力、向心力，推动学校事业不断发展。

（5）学校道德

它是指学校内部调整人与人、单位与单位、个人与集体、个人与社会、学校和社会之间关系的准则和规范。道德与制度虽同属行为准则和规范，但制度带有强制性，道德具有非强制性。道德的内涵包括道德意识、道德关系、道德行为三部分,学校道德就其内容结构上看,主要强调调节教职工之间、师生之间、学生之间、师生与学校之间、学校与社会之间几个方面的关系。

三、学校文化是一个系统工程

作为学校教育中的一个系统工程,学校文化由以下四个子系统组成。

（一）观念系统

它是社会价值观念在学校的反映,是学校精神风貌的表现,其主要形式为办学宗旨、育人目标、校训、校风,以及校歌、校旗、校徽、校标等。

观念系统是学校文化的核心内容。它会随着社会的发展而不断充实新的内容。校训、校歌经过孕育,诞生了学校的校风,进而形成了学校的办学宗旨、育人目标,以及物化为校旗、校徽、校标等。

校风是由教风和学风组成的。它体现的是一所学校师生员工所共同具有的思想品德、精神风貌、行为习惯等文化素养。它是共性与个性的统一:一方面它要体现国家培养人才的目标,使学生获得全面和谐的发展;另一方面又要按照素质教育的要求,以培养学生的创新精神和实践能力为重点,形成各所学校的办学特色。由此,形成学校的领导作风、治学精神、教育传统、人际关系的良性发展,形成一种良好的心理氛围。这种心理定式,借助模仿、暗示、从众、认同、类化等心理机制,使少数不良的思想和行为受到遏制,起到对社会文化的筛选作用。

（二）制度系统

它指的是在观念体系的指导下,学校制定的各种规章制度,包括学校发展规划,师生管理、教学管理、后勤管理、检查评比、学期或年度考核以及各种奖惩制度等。

科学的制度对学校的发展起着规范和引导的作用,尤其是对学校的发展过程起着协调的作用。因此,要结合学生成长过程的顺序性、阶段性和差异性特点,体现制度的有序性、针对性和养成性。作为一种显性课程,学校制度系统的规范作用表现在三个方面。

①对学生个体的强制约束作用,促进学生养成良好的思想品德和行为习惯,树立正确的人生观和价值观。

②对教师个体的强制规定作用,促进教师提高师德和教育水平。

③对师生群体价值取向具有强制同化作用,强化师生的拼搏精神和创新精神。

此外，学校制度系统还从工作、学习、生活和娱乐等方面，协调学校的各种关系，包括师生之间、教师之间和学生之间的关系，形成融洽的人际交往关系和良好的心理氛围，保证学校各项工作的顺利进行。

（三）物化环境系统

它指的是学校建筑风格、绿化美化的环境、自然的景物特色、设备现代化的层次、纪念品、象征物。

优美的学校环境蕴含着对真善美的追求。生活在这样的环境里，师生员工无不受到陶冶。这种物质文化的教育功能是潜移默化地进行的，即所谓"润物细无声"。它给师生创造了一个庄重的"文化磁场"，其教育魅力于无形中统摄着师生的灵魂，从而内化为多种层次、多种形式的创造力量。

（四）文化活动系统

它指的是有意义的师生文化艺术活动，如文艺演出、书画展览、写作竞赛、文学沙龙以及有意义的社会实践活动。

这些活动是在课余或节假日进行的，并且要突出学校的特色。如在教师中举办晚会、球类竞赛、书画展览和论文评比等。在学生中组建兴趣活动小组，举办文学讲座，开展小发明、小制作竞赛，成立文学社，组建歌舞队、军乐队、运动队等。这些不仅有助于抵御社会上不健康文化的侵蚀，有助于师生提高文明程度、净化心灵、陶冶情操、规范行为，而且有助于丰富师生的课余文化生活，培养师生的审美情趣，以及他们发现美、创造美的能力，形成学校朝气勃勃的精神风貌。这不仅是对校风的有益补充，而且还是对人际关系和心理气氛的一种优化。

四、学校文化的性质和作用

（一）学校文化的性质

文化是由人类创造的物质文明和精神文明的总和，即不同形态的特质所构成的复合体，它是一个庞大的丰富而复杂的系统，既包含有社会文化、民族文化等主系统，又包含有社区文化、企业文化、学校文化等属于亚文化层次的子系统。由于文化的层次不同，其所具有的功能、承担的任务、所要达到的目的也不同。

学校文化作为学校这个特定组织的微观文化，具有许多区别于其他文化（如企业文化、村镇文化等）的特性。

1. 无形性

学校文化所包含的价值观念、理想信念、行为准则、思维方式、校风学风等是以群体心理定势及氛围存在于师生员工中的，虽然看不见、摸不着，但大家会自觉地按学校的主导价值观及共同的行为准则去工作、学习、生活，这种影响和作用根本无法度量、计算，因此学校文化具有无形性。

虽然说是无形的，但学校文化是通过学校中各种有形的载体表现出来的，从而被师生员工感受到它的存在。如果没有学校，没有教职员工，没有教学、科研、生活、课外活动等有形载体，那么学校文化便不可能存在。学校文化作用的发挥有赖于学校的物质基础和制度体系，而物质基础和制度体系优势的发挥必须以学校文化的思想观念为灵魂、为先导，只有把这些优势进行最佳的组合，才可能使学校保持旺盛的生命力和发展后劲。

学校文化是一种信念的力量。这种力量能影响、支配和决定学校中每个成员的行动方向，引导和推动整个学校朝着既定目标前进。虽然广大中小学生在学校中只渡过短短几年，在一生中占的比例不大，但这种信念的力量足以影响他们未来的人生之旅。

学校文化也是一种道德的力量。这种力量促使师生员工自觉主动地按照某种共同的准则调节和规范自身的行为，调整师生之间、个人和学校之间、学校及师生个人与社会之间的相互关系，并逐步转化为师生员工内在的品质，改变和提高其基本素质，达到潜移默化的育人目的。

学校文化还是一种心理的力量。这种力量使师生员工在各种环境条件中（包含内外环境）都可以有效地控制和把握自己的心理状态，使他们在任何时候都能保持坚定的信念、积极的进取精神、乐观的情绪和顽强的意志，从而形成整个学校的心理优势。

以上三种力量相互融通、促进，形成学校文化优势，这是学校办学质量和综合实力不断提高的无形推动力。

2. 软约束性

学校文化通过对师生员工的熏陶、感染、诱导，使大家对学校目标、办学思想、行为准则及共同价值观产生认同感，自觉地去学习和工作，从而对学校的教育管理起到很大作用。这种作用是对师生员工的规范和约束，是一种非强制性的软约束。

师生员工的言行会因为合乎学校文化所规定和倡导的行为准则而受到群体的

认同、承认及赞扬，从而得到心理上的满足与平衡。反之，如果某人的言行违背了学校文化的行为准则，群体就会来规劝、教育、说服这位成员服从学校群体的行为准则，使其在心理上产生巨大的压力乃至失落感、挫折感和内疚，从而使自己去主动改变言行以符合群体行为准则。否则，他将被师生员工群体所排斥甚至抛弃。

由此，我们可以看出，学校文化的软约束性是一种观念和舆论的约束，是一个外因通过内因起作用的过程。

3. 相对稳定性和连续性

学校文化并不是一开始就有的，而是随着学校的建立和发展而产生的。因此，学校文化的形成需要一个长期的过程，它具有一定的稳定性和连续性，能长期对师生员工的行为产生影响，不会由于内外环境的细微变化或个别教职员工的去留、一批批新生的入学和一届届"老生"的毕业而有明显的变化。

尽管有这种相对稳定性和连续性，学校文化也不是一成不变的，而会随着学校内外环境的变化不断充实和变革，封闭的学校文化形态是没有生命力的。在当前我国建立社会主义市场经济体制的过程中，对人才需求有比较大的变化，必然导致学校文化产生一定的变化。比如，办学思想、人才培养目标和标准、学校发展目标等都与以前计划经济体制下有很大不同，如果学校不能顺应这些变化、抱残守缺，将跟不上时代的步伐。所以在保持学校文化相对稳定性的同时，也要注意学校文化的灵活性，以发展的眼光不断吸收社会文化中的积极因素，革除学校文化中的消极因素，保持学校发展的旺盛活力。

4. 个性

特殊性是相对于一般性而言的，个性则是相对于共性而言，学校文化的个性就是学校文化的特殊性。

一方面，学校文化是共性和个性的统一体，不同国家、不同地区、不同类别的学校都以培养人为主要目的，有其必须遵守的共同的客观规律，如必须调动教学双方的积极性、不断提高人才培养质量等，因而形成学校文化共性的一面。而从另一方面看，由于民族文化、制度文化及所处的环境和学科设置不同，又形成了学校文化个性的一面，据此我们才能区别不同的学校。学校文化只有具备鲜明的个性，才能充分发挥其作用。

（二）学校文化的作用

1. 导向作用

文化对人的影响无时不有、无处不在，这是一种环境的影响、气氛的影响，也是一种意识的、习惯上的影响。一名学生从进入学校的第一天起，除了在课内受到的德智体美劳各方面的正式的、带有规定性的教育之外，在课余时间的读书、锻炼、休息、娱乐等各项活动无不是在某种特定的学校文化氛围中进行，并受其熏陶感染。因此，一定形态的学校文化必然对学生产生一定方向的引导，这就是学校文化的导向作用，它是由学校培养人的中心任务所决定的。

学校的中心任务是培养德智体全面发展的社会主义事业建设者和接班人。学校文化的导向作用就是在具体的历史环境和社会发展条件下将人们的事业心和成功欲转化为具体的奋斗目标、人生追求、信条和行为准则，形成广大师生的精神支柱和精神动力，推动学生为把他们自身培养成社会所需要的人才而努力，促使教职工自觉地完成国家和社会赋予的教育任务，因此优秀的学校文化建立的实质就是建立学校内部的动力机制。这一动力机制的建立，能使师生员工充分了解学校所肩负的历史使命和自身的社会责任，从而发挥内在的积极性和创造性，进而把个人的目标尽可能地统一到学校目标上来。

2. 约束作用

考虑到将来社会对人才素质和能力的要求，并保证学校正常的教学、生活秩序得以维护，学校总要制定出许多规章制度来规范和约束人们的行为，依法治校是十分必要的。但规章制度无论多么完善，都不可能规范到每个学生的每个行为，因此，还需要以德治校。学校文化作为一种无形的约束力量可以弥补规章制度的不足。学校文化使信念、价值观在学生的心灵深处形成一种心理定势，构造出一种响应机制，只要外部诱导信号一发生，即可得到积极的响应，并迅速转化为预期的行为。这样形成的有效的"软约束"可以减弱各种硬约束对学生心理的冲撞，缓解自治心理与被治现实形成的冲突，削弱在学生心中引起的那种心理抵抗力，从而在学校内达成统一、和谐和默契。这种约束作用不仅对学生有效，对教职工的行为也能起到很明显的约束作用。

3. 凝聚作用

中华民族绵延数千年，无论经历多少冲击，始终能保持国家的统一并不断发展，很重要的原因就是中华文化所具有的强大的凝聚力。从这里就可以看出，文化是一种极强的凝聚力量。

学校文化作为亚文化，同样是一种心灵的黏合剂，它把各个方面、各个层次的人都团结在本身文化的周围，使师生员工对学校产生一种心理归属感和认同感，从而形成巨大的向心力和凝聚力。在学校文化的凝聚作用下，人们的思想情感和前途命运与学校事业发展紧密联系在一起，使他们感到个人的学习、工作、生活等一切都离不开学校这个集体，将学校视为自身最崇高和神圣的东西，去关心她、爱护她，甚至绝大多数毕业离校、走上工作岗位数十年的学子仍然保持着对母校的那种特殊感情，这就说明学校文化具有强大的凝聚力。

4. 激励作用

学校文化的核心是要创造出共同的价值观念，一所好的学校总是将创造社会的优秀的共同价值观念作为学校文化的使命。以此为前提，优秀的学校文化就是要创造一种人人受重视、受尊重的文化氛围，这往往能产生一种激励机制，使每个成员的进步都能得到赞赏，做出的贡献都能得到奖励，由此激励广大中小学生为把自己培养成社会所需要的人才而刻苦学习、不断进取，激励教职员工为实现自身价值和学校发展而勇于牺牲、乐于奉献。

教育是一个外因通过内因起作用的过程，教育的效果在很大程度上取决于受教育者自身。因此，学校文化很重要的任务就是唤起广大中小学生的成才欲望，促使他们自觉地努力学习。

5. 辐射作用

学校文化塑造着学校的形象。良好的学校形象是重要的无形资产，它包括内部形象和外部形象两个方面。内部形象可以激发学校的师生员工对本学校的自豪感、责任意识和崇尚心理；外部形象能够深刻地反映该学校文化的特点及内涵，成为一所学校区别于其他学校的标志。

学校形象除会对本校产生很大影响外，还会对本地区乃至国内外的学校甚至社会各方面产生一定的影响，从而显示出学校文化的巨大辐射作用。为什么有的学校总能吸引大量的好学生来报考？这些学校的学校文化所塑造的良好学校形象对广大学生具有强大的吸引力是重要原因之一。作为上层建筑的组成部分，学校文化的建立和更新对社会文化的更新、变革具有深刻的影响，学校创造的新文化会波及社会生活的方方面面。

第三节　中华传统文化与学校文化

中国是世界上著名的文明古国之一，中华文明源远流长，中华传统文化是学校文化的重要内容之一。所以，学校文化离不开中华传统文化。

一、我国传统文化简述

每一个民族、国家的传统文化，都是在特定的种族、地理及历史的条件下逐渐形成的。它包含着特定民族、国家特有的民族精神、价值观念和思维方式，即特定的民族文化心理结构。

我国的传统文化，作为特定的民族群体文化，是一个复杂的庞大系统。中华文化诞生于东亚大陆，其文化系统从半封闭的地理环境中获得了比较完备的隔离机制，形成了以农耕为主的生产与生活方式，由此形成了我国古代的哲学思想。我国古代哲学思想的主体是以孔子为代表的儒家思想，它对我国几千年来的文化有着极其巨大而深远的影响，已成为中华民族共同文化心理结构的重要组成部分，而且远及海外。这种中华民族共同文化心理结构从表层看，有三个明显的特点：一是推崇集体意识与个别权威；二是信奉天人感应、求善高于求真；三是求稳、求静，不喜变化。从深层结构来看，主要表现为五个方面的具体特点，即基本人生态度的客体参与，情感方式的"情理合一"，思维模式的部分与全体交融互摄，致思途径的注重直觉和价值观念的注重传统等。当然，我国传统文化也并非单一的文化，它是具有多系统、多层次、多结构的统一体。在这个统一体中，还有墨、道、名、法、兵、农、阴阳以及从国外传入并深深扎根的佛教等，它们与儒学互补交融，共同创造了中华民族绵延两千多年的灿烂文化，铸造出了中国人独特的世界观念和文化心理。

但不容忽视的是，我国传统文化中居于主体地位的儒学所倡导的重义轻利思想，特别是宋、明以后出现的保守倾向以及缺乏逻辑分析的笼统的思想方式，也使得科学技术日渐落后，尤其是 16—17 世纪以来，我国没有能够自主创造出近代实证科学，从一个方面说明我国传统文化有着不可否认的缺点。

我国传统文化的内容博大精深，按时序和性质可大致分为上古文化、中古文化、近代文化和现代文化。现代文化又包括"五四"新文化运动以来，特别是中国共产党成立后，马克思主义与我国文化相结合而形成的文化传统和新中国成立以后在社会主义革命和建设中形成的新的文化、新的传统。其中，以儒学文化为代表的中古文化，不仅构成了中华民族数千年的优秀文化传统，也是东亚以至东方文化的核心组成部分之一，影响了东亚和东方许多国家和地区。我国的传统文化有许多值得我们今天继承和发扬的优良传统，在整体上值得当代人本着古为今用的态度和方式加以选择和扬弃。

二、中国传统文化的主要内涵

在几千年的文明史中，中国人民形成了一些优秀的文化观念和个性品质，传统文化中的自强不息、厚德载物、忧国忧民、以德化人、和谐持中等思想，是当今学校文化建设的重要内容，对当前实施素质教育具有重要的借鉴意义。

（一）自强不息的奋斗精神

中国文化历来关注现实人生。孔子说"未知生、焉知死""天行健，君子以自强不息"，正是这种自强不息的奋斗精神支撑着中华民族的发展，激励着中华儿女在困境中崛起，在逆境中奋进，永不屈从于外来的压迫。这种精神成为中华民族精神的主导方面，并由此奏出了许多可歌可泣的自强不息之歌。自强不息的奋斗精神还体现为一种自立和自尊的人格特征，形成中国人讲名分、重气节的民族精神。正如孔子曰："三军可夺帅也，匹夫不可夺志也。"（《论语·子罕》）孟子所云："富贵不能淫，贫贱不能移，威武不能屈，此之谓大丈夫。"（《孟子·滕文公下》）这使得人们追求一种独立完善的人格，这种美德流传下来，成为人们为国家、为民族奋争的精神力量，并推动着社会的发展。

（二）忧国忧民的忧患意识

忧国忧民的忧患意识是中华民族传统文化的重要组成部分。从孔子的"诗可以怨"到范仲淹的"先天下之忧而忧，后天下之乐而乐"，再到顾炎武的"天下兴亡，匹夫有责"都深深地打上了这种忧患意识的烙印。它成了一种清醒的自觉理念而支配着人们的行为，这种强烈的忧患意识同样激励着古代的仁人志士为国家和民族的利益而抗争。从岳飞的"笑谈渴饮匈奴血"到文天祥的"留取丹心照汗青"都体现着这种意识，并表现出高尚的爱国情操。这种意识从深层次的心理上来讲，完全是一种对美好未来的憧憬和向往，它支配着人们去创造美好的未来。可见，中华民族的传统文化之所以富于魅力并引起世人的赞叹，不仅在于它的历史悠久，更在于它能在内忧外患之中表现出顽强的再生能力。

这种忧患意识实际上就是一种爱国精神，体现了以天下为己任的高尚情怀。

（三）厚德载物的包容精神

中华民族传统文化的一大特色就是以宽厚之德包容万物，即厚德载物。如战国时代，齐桓公开创的稷下学宫汇集了当时儒、墨、道、法、阴阳等诸家学派，当时在稷下学宫讲学和游学的大师有淳于髡、邹衍、田骈、孟子、荀子等诸子，号称诸子百家。这些大师在学宫里自由讲学、自由辩论，开创了我国文化史上百家争鸣的先河，为中华文化的继往开来做出了巨大贡献。文化上的兼容并包，导致了思想的自由与开放，反过来又促进了文化的发展，而文化的发展又为当时及后来的封建统治者的统治思想提供了理论基础。所以，厚德载物的包容精神一直是我国民族文化发展的基本主导思想。

一般认为，从汉武帝开始，我国便形成了儒家文化占主导地位的文化局面，但实际上我国文化发展史主要是以儒道互补为基本线索的，而这一线索本身就体现了文化的兼容性。自西汉以后到隋唐，我国的民族文化又以宽容的姿态、博大的胸怀广泛地吸收和容纳了印度的佛学，并赋予其中国的特色，从而在中国文化史上形成了各种思想共存的文化现象。这种包容精神使我国传统文化的内涵不断得到丰富和发展，这也是我国民族文化延绵不断的重要原因。

（四）以德化人的高尚风范

春秋时期的大政治家管仲曾把道德与国家的存亡联系起来，把礼义廉耻提高到国家兴亡的高度。大思想家孔子则更是以礼释仁，认为"仁"与"礼"是相互制约、相互统一的，而"仁""礼"的统一就是德。因此他所强调的仁政实际上就是一种德治，是仁的思想在政治领域的延伸与发挥。孔子所强调的"德"，一是指统治阶级的统帅之德，要求以此德来统治百姓。二是指感化之德即伦理之德，以此德来感化百姓，保持和谐。这种崇德思想不断发展和泛化，并在家庭伦理中得到完全的体现。这使得我国古代在文化传递和教育过程中始终把道德放在第一位，如孔子进行教育的内容是礼、乐、射、御、术、数，他把礼放在首位，这是崇德思想在教育活动中的典型反映。这一思想的目的是主张以德化人，利用道德的作用和力量来寻求家庭伦理的和谐，寻求社会政治秩序的一致和整个社会秩序的稳定。

（五）和谐持中的思想境界

中国传统文化的最高境界就是和谐，即认为每一个事物都应按照其自身的规律自然地发展。这其中包括人与人的和谐、个人自我身心的和谐及人与自然的和谐。人与人之间的和谐会促使社会稳定、家庭和睦；个人身心间的和谐能使人做到遇事宠辱不惊，进退有据；人与自然之间的和谐能使其互得其利，持续发展。儒家所讲的"修身、齐家、治国、平天下"，其最终目标主要是要达到第一种和谐，而佛教、道家则侧重于后两种和谐。道家的"道法自然"的思想对我们今天学习正确处理人与自然的关系，保护环境尤有借鉴意义。中国传统文化还认为，要达到上述三种和谐，就必须坚持"中庸"之道，即做事要适可而止、恰到好处，反对走极端。

另外，中国传统文化还比较注重知行合一，崇尚追求真理、勇于献身的精神。古人在谈到对真理的追求时，认为"朝闻道，夕死可矣"，宣扬"路漫漫其修远兮，吾将上下而求索"的精神。

上述种种仅是中华传统文化精华的一部分，仅此就足以体现中国传统文化的博大精深。英国哲学家罗素曾说，"中国文化的长处在于合理的人生观"，这是对中国文化的一种深刻认识和概括。

三、现代学校文化建设对中国传统文化的继承

现代学校的文化建设，是直面教育改革、具有时代特征的现在和将来的学校文化建设。它的内容既包括对中国传统文化的继承、对外域优秀文化的融合，也包括对学校文化的创生、对学校特色文化的营造。其中，对中国传统文化的继承是现代学校文化建设的重要内容之一。

（一）现代学校文化建设继承中国传统文化的必要性

有人说历史是一条连绵不断的河，在空间上不断汇集着涓涓细流带来的生机，在时间上把过去、现在和将来紧紧地连在一起。今天我们探讨对传统文化的继承，既要尊重历史，又要从适应现代学校发展的高度出发，用发展的眼光去审视传统文化的所有积淀。优秀的传统文化是超越时代和阶级局限的，不论在过去、现在还是将来都闪耀着灿烂的光辉。

1. 继承中国传统文化是建设现代学校先进文化的需要

从现代学校文化建设的性质看，学校文化必须代表先进文化的前进方向。先进文化就是面向现代化、面向世界、面向未来的民族的科学的大众的社会主义文化。先进文化坚持以科学的理论武装人，以正确的舆论引导人，以高尚的精神塑造人，以优秀的作品鼓舞人。现代学校要大力发展先进文化，支持健康有益文化，努力改造落后文化，坚决抵制腐朽文化。建设先进文化，必须在充分继承和吸收

优秀传统文化的基础上进行，逐步生成面向现代化、面向世界、面向未来的民族的科学的大众的社会主义先进文化体系。具有五千年发展历史的中国传统文化，是今天建设先进文化的重要的"源头活水"，也是现代学校文化建设能够具有民族特色、中国气派的重要保证。

中国传统文化的基本精神是中华民族赖以生存和发展的精神支撑，其实质就是中华民族的民族精神。概括起来讲，中华民族精神就是"以爱国主义为核心的团结统一、爱好和平、勤劳勇敢、自强不息的伟大民族精神"。它是中华民族生命机体的基本组成部分，并与中国人民在长期革命、建设和改革中形成的优秀传统和时代精神相结合，成为中华民族生生不息、发展壮大的精神动力。面对世界范围内各种思想文化的互相激荡，必须把弘扬和培育民族精神作为先进文化建设极为重要的任务。离开中国传统文化，民族精神的文化建设就是不完整的、没有根基和缺乏灵魂的。因此，脱离中国传统文化的现代学校文化建设也不可能是先进文化的建设。

2. 继承中国传统文化是培养具有中国魂和世界眼光的现代人的需要

现代学校文化建设的基本任务是，培养具有中国魂和世界眼光的现代人，即培养有理想、有道德、有文化、有纪律的德智体美全面发展的社会主义建设者和接班人。

"魂"从文化角度看，是指一切事物的精神。"中国魂"是指中国人的共同理想和价值取向，现表述为"以爱国主义为核心的团结统一、爱好和平、勤劳勇敢、自强不息的伟大民族精神"。这种精神既是深层的群体意识，又是群体的向心力和凝聚力，属精神文化的层次。"世界眼光"是指学生既要学做中国人，还要学做"世界人"，要有世界的眼光，立足本民族，关心全人类，视天下如一家，具有国际意识、全球化视觉，具有开放的心态、吸纳的度量、预见的能力。"现代人"是指培养学生的爱国精神、人文精神、科学精神。

我们党历来非常重视弘扬和培育民族精神，江泽民同志指出："中华民族有着自己的伟大民族精神。这个民族精神，集千年之精华、博大精深、根深蒂固，是中华民族生命机体中不可分割的重要成分。"胡锦涛指出："要帮助广大干部群众特别是广大青少年充分认识我们民族的历史和传统，深入了解近代以来我们民族的深重灾难和我们党领导人民进行的英勇斗争，深刻理解社会主义中国的历史性进步和光明前途，不断增强民族自尊心、自信心和自豪感。"习近平总书记在文化传承发展座谈会上的讲话中谈道"中国文化源远流长，中华文明博大精深。

只有全面深入了解中华文明的历史，才能更有效地推动中华优秀传统文化创造性转化、创新性发展，更有力地推进中国特色社会主义文化建设，建设中华民族现代文明。"这些重要指示，充分说明了弘扬和培育民族精神对培养具有中国魂和世界眼光的现代人的重要作用。

3. 继承中国传统文化是提高学生素质的需要

中国传统文化具有生生不息、历久弥新的品质，是学校进行文化建设的丰硕资源，是实施素质教育的基础性内容。

继承中国传统文化，对学生进行爱国主义教育，有利于增强学生的民族自信心和自豪感。爱国，是中国传统文化的一个极为重要的主题。中国古人提出的"以公灭私，民其允怀""国而忘家，公而忘私"，以及人们所熟知的"岳母刺字"等民间传说，都是在倡导一种为国家、为群体献身的精神。中国人历来把"天下为公""公正无私"作为价值取向。中国传统文化中的"先天下之忧而忧，后天下之乐而乐"和"天下兴亡，匹夫有责"等是激发后人爱国主义情操的具有极强生命力的名言警句。因此，在学生的素质教育中渗透中国传统文化，将会激发学生的爱国热情，增强学生的爱国情感和发奋读书的责任感。

继承中国传统文化，对学生进行道德品质教育，有利于学生形成优良的道德品质。道德是在历史上逐渐形成的一种社会意识形态和规范。作为礼仪之邦的中国，自古就把道德作为评价一个人的首要标准。中国传统文化具有道德中心倾向，"尊老爱幼，兄弟和睦，孝敬父母"等传统道德观念一直是人们所认同的美德。所以，继承中国传统文化必须注重对优秀传统道德观念的继承，这是学生道德素质中具有奠基作用的文化精华。当然，现代学生的道德远远不同于中国的传统道德，在道德教育过程中，不要以偏概全，盲目向学生灌输早已被历史淘汰的陈旧道德观念。

继承中国传统文化，对学生进行学会学习的指导，有利于培养学生的创新意识和实践能力。现代社会的发展非常快，只有善于学习的人才能跟上时代的步伐；只有形成了适合自己个性特点的学习方法，具备较强的自学能力，才能不断获得新的知识。为了在竞争中求得发展，学生更需要有创新精神和实践能力，这是素质教育的两个重点。中国传统文化既能为学生提供行之有效的学习方法上的参考，如"学而时习之"等，又能为学生提供培养创新精神和实践能力的生动的案例说明，如春秋战国时代齐国管仲的改革等。

（二）现代学校文化建设继承中国传统文化的主要内容

中国传统文化内容丰富，博大精深。我们可以从不同的角度进行归纳和提炼，如从精神层面看主要有代代相传的爱国主义、自强不息的进取精神、求真务实的实践品格、贵和持中的和谐意识、追求完善的道德修养等；从学术著作及其相关文化制度和物质层面看，主要有哲学、法律、经学、宗教、文学、戏曲、音乐、绘画、舞蹈、书法、篆刻、文字、音韵、教育、科举、科学技术、天文历法、经济、军事、礼俗、服饰、田制、盐制、工商、货币、交通等；从历史时代看主要有远古文化、夏商西周文化、春秋战国文化、秦汉文化、魏晋南北朝文化、隋唐文化、五代两宋文化、辽西夏金元文化、明清文化；从地域看主要有中原文化、齐鲁文化、荆楚文化、关中文化、晋文化、燕赵文化、吴越文化、巴蜀文化、岭南文化、西域文化；从民族看主要有汉族文化、满族文化、蒙古族文化、回族文化、藏族文化、维吾尔族文化、壮族文化、苗族文化等。

面对如此丰富的传统文化，现代学校文化建设最需要继承的是哪些呢？回答是中国传统文化的基本精神，即中华民族精神。中华民族精神是从中国传统文化中抽象整合出来的价值体系的精华，是提升主体精神境界的不竭动力。在现阶段具体操作时，应把继承学会做人、学会学习的传统作为弘扬和培育中华民族精神的切入点和突破口。因为学会做人、学会学习是具有中国魂和世界眼光的现代人必须具备的两种基本素质。这两种基本素质是一个人不断成长发展和弘扬民族精神的基础，因此，现代学校文化建设应该首先继承学会做人、学会学习的优良传统。

1. 学会做人

学会做人既是学生成长的基础与保证，也是弘扬和培育民族精神的重要内容。

中国传统文化的形态有哲学、伦理学、文学等，其流派主要有儒、道、佛三家。这些文化形态与流派，尤其是儒、佛所论及的内容，总体可以归纳为关于人的问题，偏重于怎样做人。中国传统文化既尊人为万物之灵，又重视如何做人，管子首先提出"人本"主张。《管子·霸言》说："夫霸王之始也，以人为本。本理则国固。"管子的人本精神重在尊重人，注重人的外在形式。孔子也有自己的人本主张，其人本精神重在做人，注重人的内在道德修养。这和《素质教育观念学习提要》指出的"学校要教学生学知识，学科学，更要花大功夫教学生做人，做品格高尚、身心健康的人"是非常一致的。

中国传统文化中有关学会做人的内涵十分丰富，涉及人的理想信念、价值取向、行为方式等，具体表现为爱国、自尊、尊敬、知礼、遵规、反省、改过，诚信、持节、厚仁、贵和、求新等。

在学校文化建设中，学会做人包括以下方面。

（1）学做一个爱国的人

爱国就是对祖国的热爱，是中华民族精神的核心。爱国的内容十分广泛，包括热爱祖国的河山，热爱民族的历史、关心祖国的命运，在危难之时英勇战斗，为祖国捐躯等。第一，要与天下百姓共忧乐，以国家民族大事为重，做到"乐以天下，忧以天下"。第二，要具有吃苦在前、享乐在后的高尚情怀和以天下为己任的博大胸襟，做到"先天下之忧而忧，后天下之乐而乐"。第三，要时时关心国家大事，处处想到人民利益，做到"风声、雨声、读书声，声声入耳；家事、国事、天下事，事事关心"。第四，一旦国家和民族处于危难关头，要挺身而出，奉献个人的力量乃至生命，做到"天下兴亡，匹夫有责"。第五，面临患难不忘记自己的国家，做到"临患不忘国"和"尽忠报国"。

（2）学做一个既自尊又尊敬人的人

中国传统文化强调一个人要自尊、知耻，这是做人的底线之一。人要自尊自爱，要在品格和行为上严格要求自己。第一，人一定要自爱，而后才能被他人所爱；人一定要自尊，而后才能被他人尊敬，即"人必其自爱也，而后人爱诸；人必其自敬也，而后人敬诸"。第二，知耻，就是"有羞耻之心"，用羞耻心来约束自己的行为，即"行己有耻"。第三，一个人有了羞耻心就能不做那些不该做的事，即"人有耻，则能有所不为"。第四，一个人对他人要持平等和尊敬的态度，做到"己所不欲，勿施于人"。第五，与人相处，要有宽容的态度，这正如古人所讲的"水至清则无鱼，人至察则无徒"。第六，要不分亲疏，对每一位老人和儿童都像自己的亲人一样，即"老吾老，以及人之老；幼吾幼，以及人之幼"。

（3）学做一个知礼、遵规的人

"提高心理素质、身体素质，培养现代意识，增强生存发展能力"，实现这样的培养目标的极好战略抓手，是继承中国传统文化，大力弘扬和培育民族精神。弘扬和培育民族精神对加强学生的思想道德建设具有积极的意义，具有不可替代的作用。

中国传统文化非常重视知礼和遵规。第一，要知道讲究"礼"，"礼"是有修养、有道德的表现，"凡人之所以贵于禽兽者，以有礼也"。第二，要做到懂"礼"、产生恭敬之心，并有所尊敬，有所礼让，即"夫人必知礼然后恭敬，恭敬然后尊让"。第三，要遵守一定的规范，应知道"不以规矩，不能成方圆"。

（4）学做一个反省、改过的人

中国传统文化大力倡导的一种道德修养，就是一个人要不断地反省和改正过失或错误。第一，一个人无论是求学，还是修身，都要经常进行自我反省，以保持优点，改正缺点，不断完善自己，做到"吾日三省吾身"。第二，人不可能没有过错，重要的是能够及时改正，做到"见善则迁，有过则改"。第三，要倾听别人对自己的看法，做到"人告之以有过，则喜"。

（5）学做一个诚实守信的人

诚信是中国传统文化推崇的一种人格境界，是一种个人修养，也是一种道德行为。只有诚实，才能善待亲人、朋友，进而维护更高层次的社会关系。诚信是一个人的立身之本，也是一个集体、民族、国家的生存之基。第一，一个人要讲信用，做到"与朋友交，言而有信""一诺千金""言必信，行必果"。第二，天地自然是真实的，做人也要像天地自然一样真实，不弄虚作假，自欺欺人，如古人讲"诚者，天之道也；诚之者，人之道也"。第三，一个人不论从事何种职业，都要讲究诚信，否则，就不要以此谋生，即古人所说的"非诚贾不得食于贾，非诚工不得食于工，非诚农不得食于农，非信士不得立于朝"。第四，守时是诚信的重要表现，也是人际交往的重要原则，要做到"有所许诺，纤毫必偿；有所期约，时刻不易"。

（6）学做一个持节的人

持节就是保持气节，具体指志气和节操，是一种高尚的人格品质。第一，一个人要品质高洁，操守坚定，做到"出淤泥而不染，濯清涟而不妖"。第二，一个人要重视名声气节，如古人说"名节重泰山，利欲轻鸿毛"。第三，一个人应当有自己的人格，恪守做人的准则，做到"不降其志，不辱其身"。第四，一个人应当始终保持节操，做到"富贵不能淫，贫贱不能移，威武不能屈"。

（7）学做一个勇于创新、奋发向上的人

求新是中国传统文化的重要内容。求新就是要与时俱进。没有求新，社会就不会发展，人类就不会进步。第一，一个人要有进取和创新的精神，就像天体运行那样强劲不息，永不休止，这正如古人所说的"终日乾乾，在时偕行"。第二，变化和创新是永恒的大道理。第三，一个人做学问要不断有所进步，做到"为学须觉今是而昨非，日改月化，便是长进"。

（8）学做一个务实践行的人

中国传统文化提倡"言行一致""身体力行""以身作则"。第一，做人要务实。实事求是，做到"知之为知之，不知为不知，是知也"。第二，一个人不仅要学习书本知识，更要注重实践，这是因为"不登高山不知天之高也，不临深溪不知地之厚也""古人学问无遗力，少壮功夫老始成。纸上得来终觉浅，绝知此事要躬行"。

2. 学会学习

学习是学生的基本任务，学生最重要的学习是学会学习。我国自古以来就重视教导学生学会学习。教学不仅要言教，而且要言学；不仅强调学，而且强调教导学生怎样进行学习。中国古代的《学记》将"学"视为"教"的基础，创立了"以学论教"的理论，提出了"教学相长"的观点，明确了教与学是不可分割的有机的统一体，教与学应相资以长。现在，国内外教育界进行教育改革，非常重视"学"的研究，强调以学来论教。这恰恰是我国两千多年前《学记》所阐述的思想。

中国传统文化有关直接或间接教导学生学习的论述，涉及学生学习的各个方面，如学生学习的动力系统、控制系统、执行系统和反馈系统，即学生学习的智力因素和非智力因素，如立志、自强、惜时、毅力、好学、善学、求索、实践等各个方面。

（1）学会立志，做一个有志向的学习者

中国传统文化很重视人生志向的确立，对立志的论述是很精辟的。有些已经成为人们的口头禅。现在，指导学生在学习过程中进一步学习、理解、领会其深刻的含义，对于学生学习仍然是十分必要的。第一，中国传统文化强调立志的重要性，指出"有志不在年高，无志空长百岁""志不强者智不达"。第二，鼓励青少年树立远大志向，强调"志当存高远"。

（2）学会自强，做一个自强不息的学习者

自强即发挥自己的能动作用，努力进取，昂扬向上。当然，自强不息的精神不仅仅体现在一个人的学习上，而是体现在人生的各个方面。第一，一个人应该像天体运行那样自强不息，不怕困难，奋斗不止，做到"天行健，君子以自强不息"。第二，一个人要想自强，首先要战胜自己，这正如古人所说的"胜人者有力，自胜者强""能胜强敌者，先自胜者也"。第三，一个人在学习工作中若遇到挫折，要先找自己的原因，做到"不怨天，不尤人"。第四，一个人不要满足现状，应不断超越自己，做到"百尺竿头，更进一步"。

（3）学会惜时，做一个有效利用时间的人

中国传统文化对珍惜年华、时间的论述是形象动人的。第一，每一个青少年要珍惜青春年华，奋发向上，不然就会"少壮不努力，老大徒伤悲""莫等闲，白了少年头，空悲切"。第二，一个人要惜时如金，因为"一寸光阴一寸金，寸金难买寸光阴""少年易老学难成，一寸光阴不可轻"。第三，当代青少年应记住古人惜时的诗歌，如"盛年不重来、一日难再晨，及时当勉励、岁月不待人"；又如"明日复明日、明日何其多；我生待明日、万事成蹉跎。"

（4）学会勤学，做一个好学的人

中国传统文化大力赞扬勤奋学习的人，极力提倡好学的品质，关于勤学、好学的论述和故事是很多的，也是很感人的。第一，古人告诫后人做事情、学习都必须勤勉努力，这是因为"业精于勤，荒于嬉"。第二，古人告诫读书人责任重大，不一点一滴地积累起来，就不能达到目的，要有坚强的毅力，即"士不可以不弘毅，任重而道远""不积小流，无以成江海"。第三，古人提示年轻人要磨炼自己的意志，指出"古之立大事者，不惟有超世之才，亦必有坚忍不拔之志"。第四，古人告诫人们做事情、学习必须要有恒心和毅力，因为"锲而舍之，朽木不折；锲而不舍，金石可镂"。第五，古人告诫人们要好学，并有谦虚的态度，做到"学而不厌""敏而好学、不耻下问"。

（5）学会方法，做一个善学的人

善学是指能采取正确的学习方法，掌握学习的规律，多方面高效率学习。中国传统文化对此有诸多的论述。第一，古人告诉青少年善学是非常重要的，因为"善学者，师逸而功倍，又从而庸之；不善学者，师勤而功半，又从而怨之"。第二，学习要做到经常复习，即"学而时习之"。第三，学习要做到学与思相结合，因为"学而不思则罔，思而不学则殆"。第四，学习要做到学和问相结合，即"敏而好学，不耻下问"；又如"博学而笃志，切问而近思"，再如"讯问者智之本，思虑者智之道也"。第五，学习要做到向别人学习，向有道德的人学习，借别人的长处弥补自己的不足，即"三人行，必有我师焉，择其善者而从之，其不善者而改之"；又如"见贤思齐焉，见不贤而内自省也"；再如"善学者，假人之长以补其短""它山之石，可以攻玉"。第六，要多读书，由博返约，即要博览群书，能详尽地解释它，然后通过自己的思考，将广博的知识融会贯通，最后用简约的语言说出它的精神实质。这既是一种学习方法，更是一种学习能力，如"博学而详说之，将以反说约也"；又如"读书破万卷，下笔如有神"。第七，学习要做到静心，要成才必须好好学习，不学习就不能使才能广博，学习不专心致志，学术上也不会有所成就，即"夫学须静也，才须学也，非学无以广才，非志无以成学"。

（6）学会求索，做一个不断探究实践的人

除了向书本学习、向他人学习之外，还要不断地向实践学习，去实践，去探索。第一，一个人学习、做事要脚踏实地，从一点一滴做起，正如"合抱之木，生于毫末；九层之台，起于累土；千里之行，始于足下"。第二，学习了知识就要去实践，实践是学习知识的最终目的，即"士虽有学，而行为本焉"。第二，对真理要不懈地探索和追求，做到"路漫漫其修远兮，吾将上下而求索"。第四，认识与实践是相互依赖、相互促进的两个方面，即"知之愈明，则行之愈笃；行之愈笃，则知之益明"。

传统无可选择，正如历史无可选择一样。一个人从出生之始就受到了传统文化的包围，并不断受到传统文化的洗礼。任何一个民族的教育都是特定民族传统文化中的教育，也是特定民族传统教育的延续。学校文化是中华民族传统教育在今天的延续和发展，它必然受到传统教育的影响，也要受到传统文化的影响。

学校文化与我国传统文化两者既相对独立，各具有特殊性，又互相交融，相互统一。传统文化是当代学校文化的基础和本源，而当代学校文化则是对我国传统文化的继承和发展，学校文化只有继承我国传统文化的优良传统，才会有创新和发展的可能，传统文化也只有承传给当代学校的学校文化，才会有新生的希望，因为这是学校的职能决定的。

第四节　学校文化的架构及学校理念文化

一、学校文化的架构

我们不妨先思考这样一个问题：有一群人，他们的性别、年龄、性格、嗜好、利益各不相同，但能有序地生活在一起，并且构成了一个集体，是什么因素使他们凝聚成这样一个集体呢？有这样三个层面的因素：一是信仰层面，他们可能有共同的信仰；二是规范层面，他们可能共享同一种由伦理、习俗、制度、法律构成的规则体系，并且，这个规则体系，还有一个由舆论、社团、机构、家庭、军队、法庭、监狱等构成的监管体系来维持着；三是语言、活动、器物层面，他们使用同一种语言（音乐、建筑也是语言），共同参加活动，生活在一定的场所中。"活动"可以增强个体与群体之间的联系，这对信仰与规则是一种情感上的强化，活动中的新生因素则会促进信仰与规范的演变。"信仰""规范""语言、活动、器物"三者，构成了一个群体的整合机制，它们的统一体，就是我们常常说的"文化"。显然，"文化"是针对一个有相对明确边界的人群而言的，它如同这个群体的"神经系统"。

在这个"神经系统"中，"信仰"是中枢神经，"规范"是神经网络，而"语言、活动、器物"则是具体的组织器官。在这个意义上的"文化差异"，就是不同群体的"神经系统"之间表现出的差异。群体有"核心部分"和"边缘部分"，因此就有"主流文化""边缘文化"和"亚文化"之别。

作为社会的亚文化，学校文化与军队文化、政府文化、企业文化、家庭文化等的区别之处：在"信仰"层面，学校以"教书育人"为天职，把社会中的价值观、伦理、知识的精髓系统地传递给学生，并转化为学生的人生追求和道德信念；在"规范"层面，学校有教师与学生两个群体，设立相应的组织制度，并倡导"心灵交流""尊重知识"等价值观念；在"语言、活动、器具"层面上，学校也形成了由教室、黑板、教材等构成的独具风格的一套体系。

可以把学校看作一个群体，但也可以分出几个亚群体。这些亚群体与其对应的学校亚文化具体如下。

①"教师群体"与教师文化。

②"学生群体"与学生文化。若再作细分，还可以分出"班级""学生社团""学生非正式群体"及其相应文化等。

③"教师—学生群体"，其对应的文化包括"课堂教学文化"和"课外师生关系"。

④"管理者—教师—学生群体"与"管理文化"。

⑤"课程"与"课程文化"。

⑥"校方—家长"，其对应文化为"家校文化"或"家校关系"。

学校的"神经系统"环环相扣，在内容或精神上融合为一，例如，一个把"对真善美不懈追求"作为办学理念的学校，其管理文化相应体现为"关爱师生、工作务实"，教师文化、课程文化等也与该核心理念贯通，融为一体。

二、学校理念文化

（一）理念文化的内涵

办学理念是在理性思维层面上对教育实践的哲学式反思，它体现了学校的办学宗旨和教育价值观，是学校文化建设的主要方面。

理念文化是学校文化的核心，它好比支配一个人的行动纲领，引领学校的发展。理念文化是学校文化的全部价值体现，有什么样的理念文化，就会铸造什么样的学校。但凡有影响力的学校在多年的办学过程中都积淀了厚重的文化，它们具有先进的教育思想和办学理念。但凡有影响力的教育家都有比较好的教育观，是文化大师。

理念文化包括办学思想、办学价值观、培养目标、学校精神、校训、校歌、校风、教风、学风等。理念文化即精神文化，决定学校的办学特色。

现代学校文化建设是学校建设的重要组成部分。它不仅涉及人的行为，而且从价值观这个深的层面引导人、塑造人，使人学会正确处理与自我、与他人、与自然、与民族、与国家的关系，从而学会怎样做人。

学校理念文化建设一般包括以下几个方面。

①办学思想核心。例如，"改革、选择、发展"。

②办学价值观。例如，"创造适合学生发展的教育，办人民满意的学校"。适合学生的教育是以人为本的教育，实现途径是进行办学体制改革和育人模式改革。

③学校精神。诸如"认真、负责、实干、团结、勤奋、追求卓越，敢为天下先"等精神。学校精神是每个教职员工都必须具备的精神。

④学校的基本发展观。即学校的发展观念和思路，诸如"学习—发展—成功""奋斗—发展—成功"等发展观就是其中的例子。

（二）办学特色与办学理念

对于学校而言，要确保一定水准的教育质量，以满足学生实现全面发展的需求；对学生而言，在选择学校的过程中，他们注重知识技能获得的同时，也会关注自己某些潜力的深度开发。

办学特色，是指与同级其他学校的不同之外，主要体现为"德智体美劳"五育的侧重点不同。如"全面发展、人文见长""全面发展、思维语言见长""合格＋特长"。也有把本校的一些典型做法称为学校"特色"的。但这种"特色"做法，同样可为其他学校所借鉴。

立足于"学校文化"，对学校进行一个形式上的分层。以有没有办学理念和办学理念的融入程度为标准，学校水平由低至高依次是管理无序的学校、制度化的学校、有学校精神的学校；以有没有特色和特色的多少为标准，学校水平由低至高依次是无特色的学校、单一特色的学校、多种特色的学校。

在现实中，"信仰"体现为人生追求。"学校"作为一个群体，其"信仰"则体现为"办学理念"，这种"办学理念"建立在对人生、对教育理解的基础之上，并影响着这个群体的价值观念和工作方式。"办学理念"，其内容常常具体为"培养什么样的学生""办成什么样的学校""服务什么样的群体"，这就与学校的"培养目标""发展目标""服务对象"融合在一起了。"学校精神"则是"办学理念""群体道德"在教育活动中激发的感情，是三者的统一体。我们看到，各种办学口号，显得既丰富又杂乱，正是表达办学理念的角度不同所致的。

特色的产生是一个自然而然的文化孕育过程。一所学校特色的形成，离不开两个方面的因素。一是学校自身所具备的各种条件，包括已有的师资条件、硬件水平、科研水平和管理能力。二是学校文化乃至区域文化的内涵、发展水平及发展方向。第一个因素是形成特色的前提，第二个因素决定了特色的本质。绝对没有从外飞来的特色，绝对没有脱离学校实际、主观臆断的特色。特色是学校文化、区域文化不断孕育、不断发展的结果。这个不断孕育和不断发展的过程，依托于学校办学水平的不断提高、学校文化的不断成熟以及学校对区域文化的主动适应。

以笔者所在学校的办学理念为例。办学宗旨：校以人为本、师以德为先、生以学至上。办学理念：全面发展、特色见长。教育理念：通过心智教育，帮助学生发展成熟的个性；通过才智教育，帮助学生为前途事业做准备；通过规范教育，为学生的一生幸福做准备。教学理念：把课堂还给学生、让课堂充满活力；把班级还给学生，让班级充满成长气息；把创造还给学生，让教育充满智慧挑战。德育理念："三基"德育模式，即基本的行为规范教育、基本的道德修养教育、基本的心理素质教育。美好的愿景：营造人本学校，落实全人教育，注重五育均衡、培养现代公民。

再以某学校的办学理念为例。校训：求实。办学宗旨：以人为本、因材施教、人人成功、个个发展。教育理念：崇尚科学、弘扬人文、发展个性。座右铭：自信、谦虚、好学。承诺：圆孩子一个欢乐的梦。目标：为每一个学生走向成功奠定坚实、宽厚的基础。

由此可见，办学理念是一个整体系统，它引领着学校的发展。

第二章　学校文化建设概述

　　学校是微型的社会，学校文化是社会文化大环境的缩影。学校文化是广泛存在的，它渗透在学校的物质环境、管理方式、课程内容以及学校成员的实践等范畴之中。它是影响学校教育环境，影响学校师生员工成长与发展的重要因素。因此，学校文化建设的宗旨就是要创造有利于师生员工共同发展的良好环境，形成积极向上的学校精神，促进学校成员全面发展、不断提高。

第一节　学校文化与人类整体文化的关系

　　学校文化与人类整体文化之间的关系十分复杂，主要表现为以下几点。

一、学校文化是人类整体文化的重要组成部分

　　学校文化是社会文化大环境下的亚型文化，是人类整体文化的元素。在一定的社会制度和民族传统的内在意志制约下的人类整体文化，必然要以其内在制约机制，使学校文化沿着预期的轨道发展，促使它成为人类整体文化的组成部分。这正如美国著名文化人类学家本尼迪克特的有机文化观："文化各元素之间的关系类似于有机体中各部分的关系，文化整体和文化元素的关系就如同机体和器官的关系。"

　　从学校的特点看，学校是培养人的场所，它在人类文明进化的历史进程中起着非常重要的作用。它的活动功能涉及社会的政治、经济、生产、科技等广泛领域。在现代社会的科技与经济的激烈竞争中，最关键的因素就是人才。创造良好的学校文化环境，是培养造就具有优良素质人才的基本条件，发掘学校文化的潜力，改造人才成长的土壤，将是一项刻不容缓的任务。

二、学校文化是人类文化的折射

学校文化的发展是在对人类文化的吸收、内化、加工的整合过程中进行的。尤其是在现代化的信息社会，现代信息工具已经把学校教育推进了一个立体化的文化空间，使学校文化面临的发展可能性大大增加了。从我国现代的情况看，新潮文化与传统文化，本土文化与西方文化，高雅文化与低格调文化，深层文化与浅层文化互相交织、并存，构成了一个复杂的、多层次多元型的文化大环境。我国自改革开放以来，传统的文化观念不断受到新的文化浪潮的冲击。正是在这样的历史条件下，学校文化的问题引起了人们的重视，学校文化的专用术语出现了，学校文化的理论研究迅速发展了。

面对这个复杂的、多层次多元型的文化大环境，学校文化建设要形成一种特殊的折射效应，即学校文化不是简单地继承人类文化的传统，不能消极被动地接受社会文化大环境的复杂影响，它要积极主动地创造有利于师生员工健康成长的学校文化环境。这是由学校自身的本质特点所决定的。学校是有目的、有计划、有组织的并体现统治阶级意志的培养人的场所，对于社会复杂文化的渗透应健全滤化和净化的机制，应积极吸收现代社会的优秀文化，改造一般性文化，抵制腐朽落后文化的影响，把人类文化大环境的影响进行加工、折射使之成为教育学校成员的积极、健康的文化。

三、学校文化促进了人类文化的发展

经过加工、折射后，学校文化必将以其独特的模式在社会发展中起到积极作用。其作用主要表现为两方面。

（一）直接辐射

学校成员也是社会实践的个体，他们在良好学校文化环境熏陶下形成的积极进步的文化倾向、高尚文明的行为方式、情趣高雅的生活情调、健康活泼的文化修养，将直接辐射到他们所从事的社会实践的各种角落，辐射到他们的家庭、邻居和其他公共文化娱乐场所。并且，作为社会文化的元素，良好的学校文化必将在社会文化的整体结构中产生积极反响。雄壮的校歌、整齐的校服以及各种积极的校外社会活动等，都能为弘扬社会积极进步的文化发光发热。

（二）间接辐射

学校培养的是未来的社会人才，他们在未来社会中的文化修养、才能倾向，很大程度上取决于培养造就他们的母校，以及熏陶感染他们的学校文化。"心理学家们的研究证实人类个体在幼小年龄阶段所获得的早期经验，对人的一生都具有强烈的铭印作用。"未来的科学家、发明家、艺术家以及其他社会实践活动者在社会文化发展方面的贡献，都必然地刻上了他们学校文化的印痕，他们的社会实践必将会把社会文化推向更高、更新、更完美的历史阶段。

第二节　学校文化建设的特点和任务

一、学校文化建设的特点

学校文化建设的特点是在人类文化发展的共同要求与学校内在活动机制以及学校教育的本质等因素的制约下形成的，主要有以下几个方面。

（一）社会性

学校文化生长发展于学校环境中，但它根植于社会的土壤，因而学校文化建设必须反映社会的政治、经济、文化等方面的发展要求。

学校文化建设必然要反映一定社会的政治利益，反映统治阶级的愿望与要求。我国社会主义政治制度要求学校文化建设必须准确把握社会主义的政治方向，坚持四项基本原则。我国的学校文化建设必须反映无产阶级和广大劳动人民的愿望与要求，通过学校文化建设创造适合我国国情的，符合广大劳动人民利益的学校意识形态，为培养具有高度政治觉悟的合格的社会主义接班人创造良好环境。

学校文化建设又必然要反映一定社会经济发展状况的要求。首先，社会的经济发展水平为学校文化建设提供了物质条件。学校文化建设的开展必然是在一定的物质基础上进行的，改善学校物质文化环境、举办各种类型的学校文化活动都需要一定的资金和设施，我们应逐步为学校文化建设提供必要的资金，以保证学校文化建设的顺利开展。其次，社会经济的发展，要求学校积极创造条件，培养适应社会经济发展要求的，能够促进社会经济发展的优秀人才。随着我国社会主义经济建设的发展，我们应在学校文化活动中介绍我国在经济建设中取得的重大成就；推广科学技术，培养个人的技术专长，通过学校文化建设发掘经济建设人才，提高我国经济建设的发展速度。

同时，学校文化建设还肩负着弘扬社会进步文化，发展社会进步文化的重任。在我国改革开放的新形势下，各种文化思潮、各种文化流派交织并存，使部分学生迷离彷徨，不知如何适从。而学校文化建设要为学生创造健康的、能促进他们发展的文化环境，要助力培养具有社会主义文化特征的一代新人。因此，学校文化建设"是社会进步寄托于教育活动的一项文化使命"。

（二）整合性

学校文化建设要弘扬社会进步文化，就应对宏观的社会文化加以鉴别选择、加工改造。这是一个对社会文化了解、吸收、加工、内化的整合过程。

1.学校文化建设是对社会宏观文化的鉴别和选择

学校要善于鉴别社会大环境中的各种文化现象，要具备一定的选择能力，要充分利用现代文化中的积极因素创造健康的学校文化环境。如在鉴别选择课外文化读物方面，学校应了解学生喜欢阅读的书刊，了解哪些书刊是健康的，是有利于学生健康成长的；了解哪些书刊是需要正确分析介绍的；了解哪些书刊是不健康的，是有害于学生健康成长的。

2.学校文化建设是对宏观社会文化的吸收和加工

在鉴别选择和深入了解的基础上，学校既要从正面直接吸收积极进步的社会文化，又要具有一定的加工改造能力，变不利因素为有利因素，化消极因素为积极因素。如一部《红楼梦》历经数百年，褒贬各异，但掌握了正确的分析方法后，终于被列为人类文化之精品。然而，对于那些不能加工改造的，严重危害学校成员身心健康的腐朽落后文化，如黄色书刊和录像、反动学说等，不仅要坚决禁止，还应以学生受到腐蚀后，走上邪路的铁的事实、血的教训，帮助学校成员提高认识水平，增强他们抵抗腐朽落后文化的能力。

3.学校要把宏观社会文化的影响内化为自己的教育因素

面对形形色色的宏观社会文化，学校必须建立一套了解、吸收、加工的内化机制。这是一个系统化的整合过程，学校应当对宏观社会文化的渗透采取及时有效的反应措施，使学校文化建设充分发挥它应有的作用。

（三）教育性

学校教育是有目的、有组织、有计划地培养人的活动，学校文化建设应从这一本质特点出发，根据学生的身心发展规律，发掘有利于学生健康成长的积极因素，起到正面教育的作用。

学校文化建设要根据学校的培养目标进行宏观规划，各项活动的开展要为实现学校的培养目标服务，这是学校文化建设的前提。只有正确把握了这个前提，学校才能明确自身的发展方向，才能充分发挥自身的教育功能，有目标、有计划地开展各项学校文化活动。

学校文化建设要根据学校的课程文化开展各项活动。它应围绕着学校开设的各门课程，使学生把课堂文化知识的学习与课外活动有机地结合起来。丰富多彩的学校文化活动要延伸学生在课堂上学到的科学文化知识，要激发学生的学习兴趣，要促进学生在德育、智育、体育几方面全面发展，要给学生创造充分发展自己才能的广阔天地。因此，学校文化建设是对统一的教学计划、教学内容的深化和具体化，是实现"课内打基础，课外求发展"的重要途径。

二、学校文化建设的任务

根据以上三个特点，学校文化建设的任务主要包括以下几个方面。

（一）继承和吸收社会进步文化

在改革开放的新形势下，宏观的社会文化大环境纷繁复杂，形形色色。学校文化建设要继承和吸收社会的进步文化，抵制腐朽落后文化。在此基础上，学校文化建设还应促进社会主义新文化的发展，使社会主义新文化深入人心，发扬光大。

（二）健全鉴别选择、加工改造的学校文化建设的内在机制

学校文化建设必须健全鉴别选择、加工改造的内在机制。只有健全了自身的筛选、净化以及加工改造的内在机制，才能变不利因素为有利因素，变被动为主动，为学校师生员工创造理想的文化环境，为社会进步文化的发扬光大做出积极贡献。

（三）促进师生员工形成高尚、健康的文化价值观，提高他们的文化修养层次和文化创造才能

学校文化建设应以学校的培养目标和课程文化要求为前提，利用一切有利因素，创造有利于师生员工共同发展的文化环境，提高他们的文化鉴别选择能力。在此基础上，促进他们形成高尚、健康的文化价值观和文化价值判断标准，并激发他们的文化创造意识，提高他们的文化创造才能，把他们培养成既有较高的文化修养水平，又具有一定文化创造能力的人。

以上三方面是互相联系的整体，每一方面任务的实现都与其他两方面有密切的关系。它们之间是互相制约的，只有处理好了三方面的关系，它们才能互相促进。

第三节 学校文化建设的功能

研究学校文化建设的功能有助于我们更好地发挥它的作用,其功能主要如下。

一、教育功能

学校文化建设的教育功能是在实现学校培养目标的前提下,在师生共同提高的过程中发挥出来的。

学生在现代文化大环境中的发展特点,应当成为学校文化建设发挥教育功能的起点,离开了这一根本起点,学校文化建设的教育功能就失去了它的作用。只有深入研究和了解了学生在现代文化方面的发展特点,才能因势利导地把他们的发展轨迹引向学校的培养目标,才能充分发挥学校文化建设的教育功能。

另外,教师还必须了解社会热点,学生在社会宏观文化影响下的活动特点、思想倾向等,在这两方面的研究基础上,教师才能在学校文化建设中居于主动地位,有的放矢地开展各种教育活动,学生才愿意参加到教师领导下的学校文化活动中来。只有这样,学校文化建设的教育功能才能充分发挥它的作用。并且,学生在良好的学校文化环境中,受到了熏陶,得到了发展,他们又将提出更高层次的发展要求,这又促使教师不断研究新问题,解决新问题,教育功能又将在更高的层次上发挥作用。

因此,学校文化建设的教育功能,是在教育者和受教育者互相作用的过程中发挥作用的。这个过程提高了教育者和受教育者的现代文化修养,培养了他们正确的文化价值观,把他们对现代文化的追求导向了学校的培养目标。

二、导向功能

学校文化建设的导向功能要把师生员工的文化价值观、文化活动方式和内容引向预期的发展轨迹,以实现学校文化建设的任务和整体规划。

宏观文化大环境对学校成员的影响往往具有无目的性、自发性、偶然性的特点。尤其是在改革开放的新形势下,学生的人生观、世界观、政治观等尚未成熟,文化鉴别选择水平比较低,对形形色色的文化现象感到扑朔迷离,很容易成为腐朽落后文化的"俘虏"。因而,学校文化建设的导向功能具有非常重要的意义,它在师生员工文化倾向的发展中是必不可少的。

三、凝聚功能

心理学家彼得罗夫斯基把群体内聚力分为三个层次：第一层是群体结构的外部层次，是建立在感情联系基础上的；第二层则是一种比较深刻的构成，它表现为群体活动的价值与定向的统一；第三个层次为最高层次，它要求成员分担群体活动的目的，并把它内化为个人的意识。学校文化建设的凝聚功能也具有这三个层次的特点。

首先，它的凝聚功能必须是在学校人际关系融洽、和谐的基础上产生的。因此，学校必须深入了解师生员工的文化倾向，通过各种喜闻乐见，能够激发他们兴趣的文化形式和内容，使他们愿意置身于学校文化活动，并产生积极参加、积极合作的热情。同时，学校文化建设要对这种热情升华、提炼、加工。

其次，学校文化建设的凝聚功能要促使全体师生员工共同努力，形成一种合形态的价值与定向的向心力。这种向心力促使学校成员认同学校的传统与作风，意识到自己在学校文化建设中肩负的使命，以及维护学校精神的责任心。在此基础上，才能激发师生员工努力创造学校文化、充分发挥个人才智的积极性，进而把个人的发展要求、兴趣爱好与学校精神融为一体。

只有把个人的发展要求、兴趣爱好与学校精神融为一体，才能产生巨大的凝聚力，才能在师生员工的价值观、行为准则等方面形成积极的暗示效应，形成统合形态的价值观和行为准则。学校文化才能升华成为一种促进师生员工奋发向上，具有独特色彩的学校精神。

四、陶冶功能

学校文化建设的陶冶功能就是要积极创设促进学生健康发展的良好情境，潜移默化地促使他们在德育、智育、体育几方面全面发展，促使他们充分发挥自己的个性和才能。陶冶功能把学校文化建设的教育要求寓于某种情境之中，通过特定的情境来感化熏陶学生。它是无形的，是没有强制要求的，但在学校文化中它又无所不在，其影响巨大而深远。

学校文化建设可以创设广泛传播人类科学文化知识的情境，使学生受到感化和熏陶，促使他们从各种角度和层次广泛汲取人类文化宝库中的精神食粮。这个特定的情境要提升学生的知识水平，开阔他们的眼界，使他们站在历史的高度上，宏观地看待人类的文明、社会的进步，以及自己肩负的历史使命。这对于形成学生科学的人生观、世界观、价值观有着非常重要的作用。它要让学生不仅在课堂上，而且能够在学校文化创设的知识海洋里遨游，品尝各种色彩的文化精品。这个宏观的学校知识情境对提高学生的学习兴趣、深化课堂教学内容十分有益。

学校文化也可以利用隐型文化的暗示效应对学生起到潜移默化的陶冶作用。校网隐型文化是学校群体在共同生活、学习、工作中形成的传统、作风以及行为习惯在人们自我意识上的反映，是群体在认同感和归属感的作用下形成的心理动力场。如在良好的校风、教风和学风影响下，迟到的学生在没有任何人责备的情况下会感到十分内疚；在干净整齐的学校里，随地吐痰、乱扔果皮会被认为是不文明、不卫生的行为。

学校文化建设的陶冶功能还可以提高学生从事社会实践活动的能力，充分发展他们的个性才能。丰富多彩的学校文化活动为学生提供了参加集体活动，进行人际交往、语言交流等机会；也为他们在音乐、美术、文学、体育等领域发展个性和才能创造了良好条件。在这些活动的情境熏陶下，学生的人际交往能力提高了，语言交流水平提高了，个性和才能显露了，这就促进了学生个体的社会化。学校文化建设的陶冶功能在潜移默化的过程中，实现了它的预期发展要求。

五、激励功能

"激励"是心理学术语，是指持续激发人的动机的心理过程。学校文化建设的激励功能是指在学校培养目标的要求下，激发师生员工的动机，促使他们积极努力地实现学校的培养目标。同时，它也提高了师生员工实现学校文化建设具体目标的积极性，并能形成一定的行为规范和舆论监督，促使学校成员自觉地约束自己的行为。

学校文化建设的激励功能有其自身的特殊性，它反映着学校教育的本质特点，是为培养社会所需的合格人才服务的。因而，学校文化建设的激励功能不仅仅是调动师生员工的积极性，强化其实现目标的动机意识，更重要的是要通过激励作用，培养他们的集体主义观念和毫不利己专门利人的高尚品质。这就是说，在学校文化建设中，激励的目的是为学校的培养目标服务的，同时，它的过程和手段也应具有教育意义，也要为实现学校的培养目标服务。即在评比、竞赛、奖励的过程中，不仅要促使学校成员实现学校的预期目标，也要通过激励的过程和手段培养集体主义思想，促使学校成员互相帮助、共同进步。

激励功能还能维持一种积极稳定的心态。在良好的学校文化氛围下形成的学校精神，本身就是一种持久深刻的激励力量，是推动师生员工积极上进的动力因素。这是一种具有隐型文化特点的激励因素，尽管没有明确的规章制度和具体的要求，但学校成员都能按约定俗成的行为规范从事自己的活动，都能自觉地约束自己的行为。因此，学校文化建设的激励功能渗透在学校的各个层次，发挥着非常重要的作用。

第三章 中小学学校文化建设的原则

在学校文化建设中，为了保证学校文化建设沿着社会主义轨道顺利发展，为社会主义教育目的服务，并使它科学化、规范化，应提出一些要求，使学校文化建设有所遵循。

第一节 当代中小学生文化心态分析

一、文化心态的含义及基本特征

要想了解学生文化心态首先要弄清文化心态的概念及基本特征。

（一）文化心态的含义

所谓文化心态，是指人们世世代代生活在一定文化背景中形成的普遍的稳定的心理趋势、价值取向和认同态度。同风俗、习惯、道德、信仰、思想、观念等相比较，文化心态是更深层次的历史积淀。它超越阶级阶层的界限，表现为一定社会群体——小至部落，大至民族和国家的共同思维定式，构成该群体区别于其他社会群体的鲜明特征。这种特征体现在无意识之中的，从有形的饮食、服饰、建筑风格、艺术造型、文化娱乐形式的选择，到无形的价值评判、道德观念、舆论导向、审美情趣以及风俗、风度等。

（二）文化心态的基本特征

1. 内隐性

任何群体的文化心态，都是群体性格的内化，而群体的倾向性行为方式和价值取向，则是其文化心态的外显形式。文化心态作为一种内在的、隐蔽的心理历程，不通过某种文化行为，没有办法直接观察到。文化、发明、创造都可以外传，而文化心态则不能与其一同传出，就是这个道理。

2. 选择性

文化心态的选择性是指对某种文化的自动撷取或排斥的心理倾向，受价值取向支配。文化心态选择性具有明显的主观性和排它性的特点。对于符合其需要的文化，反应敏感，并很快吸摄，反之，则排斥，或心中暗暗做对，不情愿接受。它具有维护和不断完善已经形成的群体文化心态的作用。

3. 从众性

文化心态不是一种自我消遣的文化现象，而是对整个社会文化生活，尤其是对一定群体的文化生活、行为方式、思想、感情、心理等诸方面都产生积极影响的深层文化心理。它对群体具有调节心理需要、人际关系和引导群体行为的功能。

4. 持续性

某种文化心态一经形成，将持续一段较长的时间，而不会轻易地改变。

二、当代学生文化心态特点及对学校文化建设的影响

当代学生文化心态的特点既与其思想心理的发展变化相关，又同社会文化生活的巨大变化紧密相连。党的十一届三中全会以来，我国社会主义现代化建设取得了巨大的成就。随着政治、经济的发展，文化事业也有了长足的发展。各种图书、杂志、报纸大量出版发行，电视、广播等大众传播工具和音像制品迅速发展。每年有近 200 部新影片（含译制片）搬上银幕。录像室、游艺场、电子游戏室、舞厅等文化娱乐场所纷纷出现。文化市场的日益繁荣，改变着社会文化生活的面貌，对中学生的课余和校外文化生活产生了很大的影响。近年从中央到地方，各级宣传、教育部门组织了对中小学生课余和校外文化生活的广泛调查、研究，我们从中可以看到中小学生当代的文化心态有如下特点：

（一）多元交汇的文化取向

从学生选择书刊种类，欣赏音乐、影视作品的意向和对某些文化现象的态度倾向中，可以看到当代中学生多元交汇的文化取向特点。中学生参加文化活动，已由以集体为主转向以个人或小群体为主；活动地点由以校内为主转向以校外为主。

1. 课外阅读方面

它是中学生校外文化生活的一个重要内容。大部分学生的零用钱首先用于购买书刊。中学生月平均读课外书 2 本左右。他们喜欢的书刊依次是综合性书刊、

科幻作品，港台武侠小说、中国古典文学名著、中学生题材的文艺作品、港台爱情小说、科技书刊，最后是国内新发表的文学作品。从中可以看出中学生在阅读兴趣上，更注重知识性、趣味性、娱乐性融为一体的书刊，其中扣人心弦的文艺作品最受青睐。

2. 在音乐欣赏方面

多数中学生喜欢欣赏音乐。在广播节目中，大部分学生喜欢音乐节目，居各种节目之首。港台歌星和港台通俗歌曲更为中学生所喜爱。

3. 在电影电视方面

看电影是中学生主要的校外文化生活内容。在观看电影、电视方面，惊险侦探片最受欢迎，其次是武打片、动画片、名著改编片。改革题材片最受冷落。

社会文化信息来源、渠道的多样化，文化活动选择余地的扩大，以及报刊、广播、影视等传播工具和文化载体的迅速发展，使得中学生可以在文化生活中学到更多的课本以外的知识，其思想更加活跃，眼界更为开阔。中学生在完成学习任务之余，参与丰富多彩的文化活动，既丰富了生活，得到了休息，又受到了文化的熏陶和感染，有助于他们的身心健康成长。

（二）独立自主意识增强

当代中学生喜欢自主性强的活动。他们强烈地渴望独立自主，对学校和教师组织的活动一般都有抵触心理。相反学生对学校中的自我管理表示出极大的兴趣。对一些自己组织、自娱自乐，不受学校、教师控制，如举办卡拉 OK 演唱会、生日晚会，自愿组织郊游等非正式群体的活动，学生表现出浓厚的兴趣。

第二节　中小学学校文化建设原则的作用和制定依据

一、原则的含义及作用

学校文化建设原则是根据我国的教育目的和社会文化大环境的特点，为正确处理学校文化建设过程中的诸矛盾，搞好学校文化建设而提出的基本要求和指导原理。

学校文化建设的原则在学校文化活动中的作用非常重要，它能起到指导、规范、约束和评估的作用。

（一）指导作用

学校文化建设的原则应起到积极的指导作用，促使学校文化沿着正确的轨迹顺利发展。因为在宏观的社会文化大环境的影响下，学校文化面临着一个多种可能性的发展空间，有了原则性的要求，就有利于控制学校文化建设的发展轨迹，保证科学的发展方向。

（二）规范作用

学校文化建设的原则应起到规范学校文化活动的作用，即促使学校文化活动规范化，为实现我国的教育目的服务，为培养适应社会主义现代化建设的合格人才创造条件。其规范作用还应促使学校文化成为社会主义整体文化的有机组成部分，充分发挥它自身的积极作用。

（三）约束作用

学校文化建设的原则应起到约束作用，约束和限制不利于学生健康成长的腐朽落后文化，美化、净化学校文化环境，保证学校文化能够促进学生健康成长。

（四）评估作用

学校文化建设原则所提出的要求应成为评估学校文化活动的重要依据之一。它能帮助我们正确地权衡和评价学校文化建设的发展方向、内容形式和结构实质，正确解决学校文化建设中所出现的各种问题。上级教育机关、学校的领导和师生员工都可根据学校文化建设原则评估学校文化活动的现状与问题，提出合理化的建设，促进学校文化建设的发展。

二、确定原则的依据

（一）马克思主义文化观、教育观、唯物史观

马克思主义认为，人们要适应环境，在一定的环境条件下生存与发展，但是，人们并没有消极被动地接受环境的塑造，他们在不断地改造和创造着生存与发展的环境。马克思把这"看作并合理地理解为革命的实践"。这也就是"通过实践创造对象世界"。马克思所说的"革命实践""创造对象世界"，就是人类文明进化的创造活动，是人类的物质文明创造、精神文明创造，以及在物质和精神文明创造过程中所积累的知识经验、科学技术、制度与规范的文化体系。学校文化建设中的学校成员也是社会的成员，他们不是社会文化消极被动的塑造对象，而

是有意识、有目的地创造适合于学校自身性质的学校文化，积极追求社会进步文化，弘扬社会进步文化的实践者和活动者。

马克思主义的教育观认为，人的发展是在遗传、环境、教育，以及个体的主观能动性相互作用的过程中进行的。"人类化的自然"、社会意识形态以及人们在生活中结成的特定社会关系，构成了人的心理发展的丰富源泉。这是一个文化大环境，在这个大环境中，学校是一个具有特殊功能的环境。它是根据培养社会合格人才而创设的，有目的、有计划、有组织地进行培养人的活动。因此，在学校文化建设中，学校有责任对社会文化大环境的影响进行加工筛选，形成具有教育功能的学校文化机制，创造具有教育价值的学校文化环境，培养促进社会进步，继承和发展人类文明的"文化人"。

马克思主义的唯物史观为我们准确把握人在文化创造、文化发展方面的历史作用，提供了科学的依据。马克思主义认为，人是追求自己目的的历史活动者，"正是人类创造了文化，获得了自我实现的能力和手段，才使区别于动物的'文化人'成为巨大的生产力，成为物质生产活动的历史主人；并在这种物质生产活动中发生各种各样的社会联系，产生各种各样的社会关系以及家庭、市民社会、国家等社会形式……"可见，在社会实践中，人类创造了文化，创造了文明的历史。人类是文化历史的主人，创造了人类文明。同样，良好的学校文化氛围也是在师生员工的共同努力下创建的，他们是学校文化建设的主人，是学校文化建设中起决定作用的因素。因此，马克思主义的文化观、教育观与唯物史观是制定社会主义学校文化建设原则的理论基础。

（二）开放环境下的现代文化提出的要求

如前所述，开放的环境已经把学生推进了一个主体化的文化空间，各种文化交织、并存，构成了一个复杂的多层次、多元型的文化大环境。这个文化大环境使学生在身心发展中形成了诸多矛盾，使他们难以适从，如在生活方式上的"土"与"洋"、传统与新潮的选择、高雅文化与粗俗文化之间的选择等。

因此，面对学生在文化大环境中所产生的各种问题，确定学校文化建设的原则必须广泛研究开放环境下现代文化的特点、规律以及对学生产生的影响。只有这样，学校文化建设的原则才能有的放矢地指导各项学校文化活动，正确解决学生的具体问题，使处在迷离彷徨中的学生走出困境，健康成长。

（三）参考当代中小学生的身心特点

确定学校文化建设的原则也必须考虑到学生的身心发展特点。学生的生理、心理的内部活动规律与外部文化环境互相作用的矛盾特点，应成为确定学校文化建设原则的依据。

现代文化大环境给学生提供了一个无比丰富的精彩的文化世界，各种类型的影视录像、书刊，各种形式的娱乐场所以及各种色彩的文化活动方式，极大地充实了学生的文化生活。然而，学生在发展过程中具有不同的生理、心理特点，因而他们在文化世界中索取的内容、活动的方式以及接受影响的特点也大不相同。从学生在现代文化环境影响下的身心发展特点看，主要如下：

1. 顺序性

学生是发展中的人，他们的身心发展是一个由低级到高级、由量变到质变的连续不断的发展过程。他们的文化观和文化活动方式也是随着他们生理、心理的成熟程度逐步发展的，学校文化建设的原则要提出指导性的要求，必须充分研究这个动态发展过程所反映出来的各种问题。

2. 阶段性

不同年龄阶段的学生有他们自己的文化活动内容和方式，如童年期的学生是不会产生"琼瑶热"的；中学时期的学生对于他们儿时曾热恋过的"卡通片"，兴趣会大大降低了。

3. 接受影响的多角度性

尽管学生的文化观和文化活动方式具有一定的年龄阶段性，但是，他们在现代文化大环境中接受影响的范畴是多角度的，接受文化信息的角度是立体化的。很多不适合他们生理、心理成熟水平的电影画面、电视镜头以及书刊内容，造成了他们身心发展过程中的"错位"现象，如过多地接受男女亲昵的文化影响，必然会导致学生的性早熟和早恋。

4. 个别差异性

学生的文化观和文化活动方式必然存在着个别差异性，学校文化建设原则要促进学生的全面发展，同时，又要考虑到学生的个别差异性，尊重他们的个性，根据他们的兴趣培养他们的才能，不可搞"一刀切""一锅煮"。

因此，确定学校文化建设的原则必须以当代中小学学生的身心特点为重要依据，要充分考虑到他们在现代文化环境影响下的生理、心理的发展特点。

（四）政治经济制度和生产力水平的发展要求

制定学校文化建设的原则必须适应我国政治经济制度的发展要求，要保证学校文化成为我国社会主义整体文化的有机组成部分，为我国的社会主义政治方向服务。

学校文化建设的原则也要有利于为我国的经济建设服务，有利于发展社会主义生产力，有利于培养适应改革开放新形势的经济建设人才。另外，我国的经济建设与生产力水平还不发达，因此，要求学校文化建设要立足于自力更生，勤俭建设。

第三节　中小学校园文化建设必须遵循的基本原则

根据以上分析，中小学校园文化建设应确定如下基本原则：

一、方向性原则

方向性原则是对学校文化建设在思想意识方面的总要求。它体现着社会主义学校文化的本质特点，保证着社会主义学校文化的政治方向。

不同社会制度的国家在学校文化的政治方向上有着本质的区别。在社会主义初级阶段，我们的学校文化应该在马克思主义科学理论指导下，为社会主义物质文明和精神文明建设服务。要积极宣传我国人民在中国共产党的领导下，为了推翻压在中国人民头上的三座大山，所走过的艰苦卓绝的革命斗争历程；要积极宣传新中国成立后，社会主义建设事业的巨大成就，以及我们正在跨入世界强国之林的历史事实；也要积极宣传共产主义道德精神，毫不利己、专门利人的高尚品质。

另外，学校文化建设在培养学生的政治观、世界观和道德品质的同时，还要充分利用学校文化建设灵活多样的特点、丰富多彩的形式培养学生的文化鉴别能力，提高他们评价判断社会主义进步文化与资产阶级腐朽文化、健康文化与不良文化的能力，提高他们分析各种文化形态的水平，形成一种抵制资产阶级思想、腐朽落后文化的积极潮流，保证社会主义学校文化健康发展。

贯彻方向性原则的要求如下：

①要用马克思主义的基本观点正确分析历史文化，准确把握现代文化。学校应有计划地组织师生员工，运用马克思主义的基本观点分析解决各种文化问题，

针对社会上的文化动态展开讨论，用马克思主义的文化观、教育观、唯物史观提高师生员工的文化理论水平。

②要对学校各种宣传工具、宣传手段进行引导管理。学校的图书、广播、电视、电影等文化设施应当围绕着学校文化建设的主题，根据社会主义建设事业的发展需要，进行积极的正面宣传活动。其内容要符合四项基本原则，符合社会主义方向，符合社会主义教育目的。学校舆论工具要有专人负责，对其宣传内容要有监督、有检查。

③学校开展的各种文化活动，在内容上都应该是健康的，既要体现意识性，又要体现思想性，既不可把什么活动都搞成政治说教，也不可忽视必要的思想教育，要寓教于乐，使学生在开展各种活动时，潜移默化地受到教育。

二、整体性原则

整体性原则是指学校文化建设的要素与结构应形成一个协调运转、互相促进的整体功能系统。

根据系统论的原理，学校要对学校中的物质文化、精神文化、管理文化、个体文化等各要素统筹计划、协调安排，使它们互相促进、相辅相成。学校既要考虑到它们之间的协调关系，又应充分发挥每一要素的能动作用，还必须整体规划，使"整体大于各部分之和"，充分发挥学校文化建设整体系统的活动功能。

另外，学校文化建设中的每个要素，以及各个环节上的组成部分都应牢固树立全局观念和整体意识，从学校文化建设的整体利益和学校培养人的本质特点出发，充分发挥每个要素以及各个环节的优势。学校文化建设只有充分发挥了它们的优势，才有利于实现整体功能，才能富有活力。

贯彻整体性原则的要求如下：

（一）制定学校文化建设的整体规划

学校要在充分征求师生员工意见、考虑学校自身条件的基础上，制定出学校文化建设的整体规划。学校文化建设的整体规划应包括两部分：①长期宏观规划，是具有战略意义的宏伟设想；②具体实施计划，是具有现实意义的实践方案。

（二）要处理好各要素、环节之间的关系

学校要在统一规划的前提下，协调各要素、环节之间的关系，促使它们互相促进，协调发展。如把改善学校教师的文化生活，提高教师的现代文化修养和文

化活动能力与开展学校学生文化活动结合起来，这既能提高教师的能力，又能培养学生的能力，同时，又促进了学校文化建设的整体发展。

（三）要充分发挥各要素、环节的优势

首先，各要素、环节首先应以整体和全局利益为重；其次，学校还应充分发挥它们各自的优势，扬长避短，使学校文化建设的整体结构优化组合，以保证学校文化建设实现最优化的目标。

（四）领导之间的配合

要在学校文化建设中发挥整体功能，还要求学校领导班子之间既要互相谅解、互相团结、互相支持，正确处理在学校文化建设中的不同意见，又要职责分明、责任到人，具体工作落实到具体的人；同时，原校领导班子还应创造条件，动员各种有利因素，排除各种不利条件，帮助支持专项负责人完成具体任务。

三、因地因人制宜原则

因地因人制宜原则是指学校文化建设应根据具体情况，分析解决具体问题，发掘潜力，充分利用学校中的各种有利因素，以达到最理想的发展水平。

因地因人制宜的原则涉及的范围与层次非常广泛，如地区特点、学校特点、地理环境特点和教师与学生的特点等。学校只有在研究分析了上述特点的基础上，才能提出确实可行的办法，才能有效地开展学校文化活动。

因地因人制宜的原则要求学校要积极发掘学校中的各种有利因素，利用各种有利因素；发掘学校中的各种"能人"，并培养各种"能人"。任何一所学校都有它自身的有利因素，也蕴藏着各种类型的人才，学校应具有发掘这些有利因素和潜能的慧眼，因地制宜地发挥他们的作用。

贯彻因地因人制宜原则的要求如下：

（一）根据物质环境特点因地制宜

各学校都有各自的物质环境特点，有的依山傍水，有的绿树成荫，有的翠竹满园，有的百花争艳。学校应充分利用这些有利条件，并合理设计、整体布局，通过优美的环境陶冶学生的情操。

（二）根据学校的特点具体对待

任何一所学校都应在发掘自身优势的基础上，形成自己的特色。如有的学校以文艺活动见长，有的则在体育方面突出，有的则在学校美化方面独具特色。学

校要突出自己的优势，同时也要互相学习借鉴，在发展优势、突出特点的基础上，扩大学校文化活动的范畴。

（三）根据教师的特点发挥特长

教师队伍年龄差距大，所涉学科专业多，兴趣爱好广，文化修养的成熟度高。学校应充分考虑这些因素，发掘和利用教师的特长，丰富学校文化活动。

（四）根据学生的特点因材施教

学生在发展过程中蕴藏着极大的发展潜力和发展可能性，学校文化建设要根据学校的特点使他们的发展潜力和发展可能性成为现实。并且，学生朝气蓬勃、兴趣广泛，希望学校能够为他们创造表现才能的条件，学校文化建设应充分利用这一因素。

四、育人原则

育人原则要求学校文化建设促进学生的全面发展，充分发掘学生的各种才能和潜力，培养适应社会主义现代化所需要的，德育、智育、体育几方面全面发展的合格人才。这是我国学校本质特点的反映，也是学校文化建设的根本任务。

育人原则渗透在学校文化建设的各个层次，学校的物质文化、精神文化、管理文化、个体文化都应充分体现育人原则，反映育人原则的要求。因为学校是社会培养人才的专门场所，它的主要职责就是通过教育把学生培养成适应社会发展要求的合格社会成员，育人原则反映了学校教育的本质特点。这个本质特点是学校文化建设的前提和出发点。

育人原则要求学校文化建设给学生提出全面发展的要求，促进学生的才能与素质全面和谐地发展，以实现国家和学校的预期培养目标。另外，学校文化建设还应充分发展学生的个性，发掘他们的潜能素质，促使他们的生理、心理素质健康发展。同时，学校文化建设也应把全面发展的要求与发展学生的个性统一起来，把课堂教学与学生的课外文化生活统一起来，培养适应现代化社会发展要求的现代人。

贯彻育人原则的要求如下：

（一）要反映我国教育目的的要求

社会主义初级阶段对学生提出了在德、智、体、美、劳几方面全面发展，又红又专的统一要求。学校文化建设应围绕这个总的目的要求，根据学校的具体培养目标，广泛开展各种形式的学校文化活动，创设促进学生全面发展的学校环境，补充和延伸教学内容。

（二）要充分发掘学生的发展潜力

苏霍姆林斯基说："每一个孩子的身上都蕴藏着某些才能所需的素质。这些素质如同火药，要有火花来点燃它们。"学校可以通过各种丰富多彩的活动和内容，迸发出点燃学生潜能素质的火花，激发他们表现自己才能的意识，促使他们不断在新的起点上认识自我，从而充分发掘他们的潜能素质。

（三）要根据学生的生理、心理发展水平，促进学生健康成长

学生随着年龄的增长和生理、心理水平的发展，面临着许多复杂的矛盾。尤其是在现代文化大环境的影响下，这些矛盾显得更为突出。因此，学校文化建设必须研究当代学生在文化大环境影响下的生理、心理特点，根据他们在生理、心理发展过程中的阶段性、接受影响的多角度性、个别差异性的特点，采取积极措施，帮助学生摆脱困境，正确解决面临的各种矛盾。如针对青春萌动期的学生开设"性教育知识讲座"；针对早恋的学生，要鼓励他们多参加丰富多彩的学校文化活动，鼓励他们与同学广泛交流，使他们走出困境，逐步引导他们正确认识早恋的危害性；针对有心理疾病的学生开设心理健康咨询，引导他们正确治疗心理疾病。

（四）要反映现代人才观的要求

现代化社会对传统的人才观提出了挑战，要求学校研究社会发展与人才结构、人才素质的关系，并根据它的要求充分发展每个社会成员的素质水平和才能特长，把他们培养成适应现代社会发展要求的各级各类人才。这是国家兴旺发达、民族繁荣昌盛的基本条件之一。我们应根据我国现代化建设的发展要求，积极创设提升现代人素质的学校文化，为我国现代化建设培养合格人才。

五、继承与创新的原则

继承与创新的原则要求学校文化建设一是要继承人类社会和民族的优秀传统文化；二是要继承学校自身在发展过程中形成的优秀传统文化，并在此基础上有所创新，有所发展。

在人类文明进化的历史长河中，闪烁着无数优秀的文化瑰宝。学校文化建设应积极传播人类社会和民族的优秀传统文化，介绍它们的历史特点、艺术风格，

提高学校成员的文化修养层次。同时，学校文化也应继承学校自身发展过程中形成的优秀传统文化，整理自己的校史，设置各种陈列室，积累各种有关资料，让学校成员深刻了解学校的优良传统，并继承、发扬学校的优良传统。学校还应创造条件鼓励学校成员为弘扬人类文化和民族文化积极创作，为发展学校文化积极创新。

贯彻继承与创新原则的主要要求如下：

（一）广泛传播人类和民族的优秀文化

如介绍莎士比亚、巴尔扎克、雨果、曹雪芹、鲁迅等的文学作品，文艺复兴时期"三杰"的美术作品，贝多芬的交响曲和冼星海的《黄河大合唱》等人类的文化瑰宝，介绍这些文化珍品产生的历史背景、艺术特点以及在社会上产生的影响。同时，不仅要扩大学生的知识面，也要激起他们思想感情上的共鸣。

欣赏齐白石的虫鱼、花卉，感知到的不只是花鸟虫鱼，而是那春天般的气息引起的快慰和喜悦；听冼星海谱写的《黄河大合唱》，要感受到中华民族不畏强暴的英雄气概；听俄罗斯作曲家柴可夫斯基谱写的曲子，感知到的不能只是琴键弹出的音乐，还要感受到俄罗斯的眼泪和苦难。

（二）整理校史，设置陈列室

学校应整理校史，激励学校成员继承学校的优良传统。有条件的学校还可以将校史的有关实物资料及有教育意义的实物，如师生发表的作品、学校获得的荣誉证书或奖状等，通过陈列室展示出来，对学生进行教育。

（三）要起到激励作用

上述活动的开展，要促使学校成员继承人类社会和民族的优秀文化，继承学校的优良传统，从而激发他们的创新意识，为弘扬社会文化、发展学校的优良传统积极努力。

六、勤俭建设原则

勤俭建设原则是指学校文化建设应根据我国的实际情况，发扬劳动人民的优良传统，勤俭建设，用自己的双手创造良好的学校文化环境。

目前，我国生产力水平还不发达，很难满足学校进行学校文化建设所需要的全部资金，给学校文化建设的全面开展带来了一定困难。这就要求各学校要珍惜有限的资金，全面计划，精打细算，把有限的资金用在最需要的地方，用在最有价值的地方。

另外，学校还应具有现代经营意识，发掘学校的潜力，通过勤工俭学兴办技术开发项目，改善办学条件，自筹学校文化建议资金。这是我国现代化建设培养人才的要求，也是由我国的国情特点所决定的。因为勤工俭学的技术开发项目既能为学生开辟新的活动领域，又能为学校解决资金问题，改善办学条件。

贯彻勤俭建设原则的主要要求如下：

（一）全面计划、精打细算

学校文化建设涉及的范围很广，所涉资金必须全面规划，精打细算、勤俭节约，根据学校文化建设的整体规划，使有限的资金充分发挥作用。

（二）教育学生爱护学校的设施和财产

要教育学生爱护学校的一草一木，爱护学校的图书及各种文化设施，同时，还必须建立健全有关的规章制度，培养师生员工建校爱校的文明习惯。

（三）自力更生，建设学校

要发扬劳动人民的优良传统，用自己的双手改变学校的面貌，创造性地绿化学校、美化学校、装饰学校。这既能节省资金，又能培养学校师生的建设才能和创造美的能力。

（四）积极创办产业，以校养校

学校文化建设应根据自己学校的特点，发掘潜力，开拓校办产业渠道，以改善办学条件，增加学校文化建设的资金。同时，校办产业又能为学生提供参加社会实践和生产劳动的场所，扩大了学校文化活动的范畴。

第四章　学校物质文化建设

学校物质文化建设是人们物化活动的产物。它既是学校文化的空间物态形式，又是学校精神文化、管理文化等的物质载体。

第一节　学校建筑

学校建筑是学校物质文化建设的重要内容。

一、学校外环境

学校外环境是学校建筑必须考虑的重要因素，是学校文化的重要组成部分，是学校地址选择的重要依据。选择什么地方，在什么环境条件下建设学校，关系到能否顺利搞好教学，完成教育任务。它不是权宜之计，而是考虑长远利益的需要。学校外环境由于距离学校最近，是学生经常出入、最易接触的地方，它不仅影响教学效果，甚至对学生一生都有潜移默化的影响作用。不可想象，临街教室外，叫卖之声不绝于耳，高音喇叭频频播放而课堂教学能够正常进行。学校周围卫生条件很差，还会污染学校，影响学生各器官和各系统的正常协调发展，影响心理发育。

为了保证学校外环境良好，在选择校址时就应注意以下几个方面。

（一）校址要选在幽雅、宽敞、向阳、空气新鲜的地方

最好周围有田野、园林和潺潺流水。正如苏霍姆林斯基所说："学校地处村边僻静的环境，周围是大自然，附近又有大面积的水域——这一切对孩子们的身体发育和健康，都是十分有利的。"

（二）交通方便，地点适中

为了普及义务教育、便利学生走读，城市学校应建在居民点中心，农村学校应建在村中心。

学校不应设在传染病医院、垃圾场、火葬场、有严重污染源的矿产企业附近，即使无奈，也应建在其上风侧。学校周围街道的噪声不应超过 60 分贝。因此，学校应尽量避免与自由市场、繁华闹区、歌舞剧院、火车站、飞机场、轮船码头等相毗邻。学校离街道边线应在 15～20 米以上，离铁路至少要在 50 米以上。但是，也不应距离工业中心或其他便于学生实践锻炼的地方过远，给学生造成不便。日本对学校周围环境的管理非常重视，经常进行学校环境与学校特点的调查，并针对其情况采取相应措施：①特别健康诊断的实施。对受大气污染的学校学生进行特别健康诊断，实施早期治疗。②移动教室的实施。处于大气污染社区里的学校，要在一定时期内把中小学生转移到优美的自然环境中开展教育活动。

（三）已经建立起来的学校应与有关单位联系

不要在学校附近倒垃圾，建化粪池、屠宰场、庙宇等，更不应将学校地皮出卖，让其他单位盖高层建筑，设舞厅、游乐场。政府部门要制订法规，整顿中小学校门前的秩序。

二、校舍

校舍是学校开展教育活动的重要物质条件，是学校建筑的关键组成部分，也是对学生进行教育，培养他们的观点、信念和良好行为习惯的场所。中小学生在学校不仅是利用校舍学习知识，较长期地生活在优美、宽敞、整洁、舒适的校舍环境里，对其身心发展也有良好的促进作用。反之，不合理的校舍布局，不适当的温度、湿度、照明，以及空间过大过小等因素，都会对学生身心带来不利影响。

（一）校舍的总体布局及建筑要求

校舍建筑的总体布局、规划要符合建筑学、卫生学、心理学、美学以及教育学的要求。校舍在学校内所占面积，楼房不应超过学校总面积的 20%～27%，平房不超过学校总面积的 33%；每个小学生应占有校舍面积为 3.6～3.8 平方米，中学生为 17.9～19.1 平方米，要给学生留出充足的活动场地。校舍位置应设在学校的里边，以南为最好，不宜靠近街道和高大建筑物。这既便于学生安静学习，也有益于卫生保健。校舍楼层不宜过高，小学一般不超过 4 层，中学不超过 5 层，农村以建平房或 2 层楼为宜。前后间距不少于 12 米，以保证课间活动正常进行，避免上课互相干扰。

校舍布局应做到分区明确、布局合理、联系方便、互不干扰。教学区、生活区、活动区等要分开。体现以教学为中心，突出主干（教学区或教学楼），音乐教室、体育教室与普通教室分开，避免因唱歌、跳舞、体操活动等影响其他班教学。

学校建筑要体现艺术性，应朴素、雅致、鲜明、协调、造型新颖、富有教育意义。建筑是一种艺术，每一幢建筑，不仅要满足其内部使用需要，还必须注意其外部街景观瞻。由建筑组成的街景，无论其造型、色调等各个方面，都体现着文化特色。那种轻视建筑的外立面、不讲究街景美观的观点，是多年来"左"的思想影响的结果，已经吃了不少苦头。学校建筑应改变兵营式的单一面貌，讲究高低有别、错落有致、协调典雅。有的建筑在形式和装修风格上体现出了学生活泼、充满朝气的特点；有的建筑线条流畅、色彩明快，起到了陶冶性情的作用；有的建筑则造型典雅、寓意深刻，可以振奋精神，激发理想。

我国著名爱国华侨陈经伦先生，为家乡捐资建筑的经伦中学，设计新颖、造型别致，不仅具有使用价值、美学价值，而且具有深刻的教育价值。有的体型像笔筒，有的体型像墨水瓶，使学生见景生情，认识到学习只有辛勤笔耕、发扬刻苦精神，才能学有所成。有的体型像帆船，启示学生在知识的海洋中扬帆运航，勇往直前。

（二）校舍的分类

1. 教学用房

中小学根据学校的类型、规模不同，可分别设置普通教室、电化教室、实验室等。

（1）普通教室

普通教室是学生学习的主要场所，其设计和装饰等与学生的学习和健康成长有密切关系。国外现在很注意对科学教室的研究。他们认为教室、教学设备和教材是构成学习的物质环境的三大要素。英国在研究循序渐进教学法时强调培养每个学生的个性和独特之处，允许学生主动发现，提倡学习自由和自主选择，在理想条件下这种教学方法要求教学空间的设计不同于那种使人备受约束的独门出入的封闭式教室。换句话说，教学空间的设计应该使环境构造的特点与当代教学实践中所体现出的灵活性相符合——专门的活动要求专门的空间。在美国，封闭式教室的空间限制也是显而易见的。美国人在"开放式"教育的口号下所进行的循序渐进教学法的试验，就是利用走廊及开门式教室作为教学空间。实际上，方便教室间的流动被看作创造这种学习环境的中心所在。继个别地方首先试验后，20世纪60年代初在英国和美国新型学校开始建立起来。这类学校内各教室间无墙壁相隔，人员流动区如走廊和教学空间连为一体，室内留有为专门活动设计的空间。

我国学者也很重视教室结构和空间大小的研究。在人口密度高的个人空间日趋减少的环境里，儿童少年较常表现出攻击性行为。人们即使短时进入高密度房间，对陌生人也往往都怀有警惕，表现出更多的攻击性行为，更少愿意跟人交往，焦虑程度增加，常为一点琐细小事而出言不逊。教室或其他活动场地如果通风不好，气温过高，不仅可能使学生头痛、头晕、恶心、多汗、发生视觉障碍，而且会使学生注意力不集中，心情烦躁，容易激动，反应迟钝，学习效率下降。相反，温度过低，则容易使学生畏缩，学习缺乏动力、造成冻痛冻伤。因此，中小学教室建筑必须符合标准要求。我国现有条件，中学教室以 50 人计，每教室使用面积应为 54 平方米（长 8.4 米，宽 6.4 米），每座为 1.08 平方米。有条件的学校还可适当增加学生占有面积。目前国外规定每班人数为 30～40 人，每座占有面积为 1.2～2.0 平方米。

普通教室多为矩形，长宽之比为 4：3 或 3：2，若人数较少，为教师讲课省力也可建方型。条件较好的学校也可建多边形教室。北京四中建有 6 边形教室，它在采光、通风和座位安排上有较大优越性。

教室要保持适度的光线。过强或不足不但有害视力，而且影响情绪、妨碍学习。中小学教室主要利用自然采光。窗户的大小、位置至关重要。窗玻璃的净面积与地面的面积比不少于 1：6～1：4；窗户应开在学生座位左侧墙上，右侧开设辅助性窗户。为弥补自然采光之不足，要有人工照明设备，最好安装日光灯，一般标准教室、实验室至少要安装 40W 的日光灯 6 对。课桌平均照明度系数不低于 150 lx（勒克斯）。为防强光刺激，教室应备有窗帘或安装漫射设备。

教室要保持空气清新，通风良好。修建教室时要注意通风设备，合理安排门窗，要安排气孔。每个教室最好有两个门。实验室要有排毒设备。

要保持教室的适当温度。人与其环境之间热量交换的本质是影响人思想活跃、舒服程度和他们完成任务的效率的重要因素。因此，教室要安装取暖和降温设备。室内温度应保持在 16℃～18℃。

教室地面、墙壁、天花板要光滑、干燥，不起尘土。最好用水泥，以便于清扫冲洗。教室内墙面、天花板的色彩，对室内光线和青少年心理的影响很大。适宜的色彩可以提高室内温度，提高学生智商和学习效率。一般以暖色（乳白色、朱黄色）为宜。

（2）电化教室

电化教室应比普通教室面积大，以容纳一个班人数为宜。室内应备有幻灯机、收录机、电视机等。有条件的要专设演播室、语音实验室、计算机房等。电化教室要选择较安静的地方，要注意防噪声干扰。

（3）实验室

实验室包括物理、化学、生物等实验室。实验室的修建要考虑到学生活动较多、搬运机器、示范操作等因素，因而要比普通教室面积大。中学一般规定为90平方米，每座为1.8平方米；小学为68平方米，每座为1.5平方米。要有采光、取暖设备，保证实验室正常使用。

2. 辅助用房

辅助用房包括图书馆、阅览室、科技活动室等。

图书馆的面积要根据学校规模和藏书量而定。一般要求中学藏书量应按每个学生20册至40册书配备，每校应达到2.7万册。为了安全起见，图书馆不应建在高层（不应超过3层）。教师阅览室按教师人数的1/3设座位，每座占用面积为3平方米，学生阅览室按学生人数的1/12设座位，每座占用面积为1.2平方米。科技活动室主要供开展电子技术科技活动使用，其规模可根据学校实际情况而定。

3. 行政用房

行政用房包括校长办公室、总务办公室、教师办公室、文印室、档案室、会议室、广播室、学生会办公室等。行政用房一般应建在教学区内，便利与学生联系。

4. 生活服务用房

生活服务用房包括学生宿舍、单身教师宿舍、食堂、厨房、医务室、锅炉房、浴室和厕所等。服务用房应建在离教学、办公用房较远的地方。教工与学生的宿舍、食堂应分开建筑，以免互相干扰。厕所是现代社会文明程度的标志，必须予以充分重视。楼房内厕所应分设在每层走廊的两端。入口处应设洗手间。平房厕所也要讲究造型艺术，要坚固耐用，符合卫生要求。要有抽水装置。要保证学生大便池的需用量，平均每40～50名男生，设一个大便池，每20名女生设一个便池。

三、运动场地

中小学学生正处在长知识长身体的时期。现代学校不仅要让学生在室内学习，还要让他们在室外接受教育和训练；不仅要注意校舍的建筑，更要注意为学生提供良好的室外活动条件，以利身心发育。当今世界各国都很重视这一方面，尽量为学生提供面积较大的活动场地。我国学校用地面积一般定额为每个小学生10～11平方米，中学生为14～16平方米。除了建造校舍外，大部分应作为学生活动园地，且不可压缩或挤占学生运动场地搞建筑或作它用。

运动场地包括室外操场、室内体育馆、健身房等。运动场地要与教学区保持一定距离，至少在100米以外。中小学至少应分设100米、60米直跑道和200米或400米环形跑道。运动场长轴宜南北向，不与教学楼平行。运动场地应洁净、平坦有弹性，应设有排泄雨水的斜坡，最好铺草坪。体育馆应设在便于学生出入的地方或外操场附近。

四、生产劳动场地

开展生产劳动是学校贯彻党的教育方针，实现教育任务的重要手段，也是学校教育的重要内容。因此，中小学必须重视生产劳动场地的配置。

生产劳动场地包括校办工厂、农场、植物园、果树园、饲养园等。城市中小学以办工厂为主，农村中小学以办农场为主。校办工厂、农场应远离教学区，并设在学校的下风向，最好与教学区分汗，以防烟尘、有害气体、噪声和震动影响教学。动物饲养棚更应远离办公区、教学区、生活区，至少在50米以外。

第二节　设施文化

设施文化是学校有意识有目的地通过一定的物质载体达到教育师生之目的而创设的文化环境。

一、图书馆（阅览室）

中小学图书馆是收集、保管和流通书刊资料，供师生进行学习，为教学服务的机构，是学校物质文化建设的组成部分，在学校文化建设中发挥着重要作用。为了办好图书馆，就要正确认识图书馆，以更好发挥图书馆的教育效应。

（一）图书馆的教育作用

图书馆的教育作用是多方面的，概括起来可归纳为以下三方面：

1. 促进中小学教学工作的开展，为提高教学质量服务

教师进行教学的主要依据是教学大纲和教科书。但教师为了使教学更生动、内容更丰富，说理更清楚，就不能仅仅局限于课本上的知识，需要读更多的书，

查看更多的资料。"要教给学生一杯水，教师就要有一桶水。"这一桶水，除了实践经验外，就要在教学大纲和教科书以外的图书中获得。教师为了使学生广泛地涉猎知识，弥补课堂教学中之不足，也必须向学生提供必要的参考书目，这些书都需要由图书馆供给。不少特级教师、优秀教师之所以取得优异成绩，是与他们多读书分不开的。人称中学教师"知识之最"的北京历史教师时宗本说："我熟读过杜甫的诗，很多首诗都能背诵，讲安史之乱，课堂上便能随时提取诗的语言，给学生深刻生动的教育。""又读过洪昇的《长生殿》，其中的人物群像能随时展现在我的面前。讲世界史，就更需要有外国文学知识修养……"可见，更好地发挥图书馆的作用，对提高教学质量是非常重要的。

2. 图书馆是对师生进行思想教育的重要阵地

在阶级社会，图书馆作为上层建筑的机构，就要为一定的统治阶级服务，向读者传播统治阶级的意识形态。作为社会主义中国的中小学图书馆要通过向师生推荐好书、辅导阅读等方式，对师生进行思想政治教育，帮助他们树立科学的共产主义世界观，培养高尚的道德品质。特别是当代改革开放的形势下，各种意识形态都要通过图书形态表现出来。社会上一些不健康的，甚至反动腐朽的如宣扬凶杀、迷信、色情、资产阶级自由化等书刊趁机泛滥。不少读者深受其害。中小学图书馆这块思想政治工作阵地，必须旗帜鲜明地承担起积极宣传、推荐、流通各种健康优秀图书，抵制反动腐朽书刊的影响的任务，真正使学生成为有社会主义思想觉悟，有文化的建设者和接班人。

3. 对提高学生的科学文化水平，开发学生智力有重要作用

教学活动是中小学学生提高文化水平、开发智力的重要途径，但这是远远不够的。真正有作为，能在走向工作岗位后充分发挥其创造才能的人，还必须在教师帮助下培养自学能力。中小学学生在校期间学会独立自主地利用图书馆在浩如烟海的知识海洋中遨游，自由借阅自己所需图书，对以后的成长有重要的作用。我国著名的世界语诗人苏阿芒从十几岁起就经常到图书馆读书。英国物理学家和气象学家道尔顿 15 岁起连续 10 年在图书馆刻苦学习。马克思的显赫成果更是与图书馆分不开。

（二）图书馆（阅览室）效益的发挥

图书馆（阅览室）作为学校文化建设的组成部分，怎样才能更好地发挥其教育影响作用呢？我们认为应重点做好以下工作：

1. 合理采集

书刊采集工作是图书馆业务工作的开始，也是整个图书馆工作的基础。采集的对象包括书籍、期刊、报纸、书画、图表、视听资料等。这是一项思想性、业务性很强的工作。图书管理人员应本着负责的精神，力争以最快的速度、最低的开销，采集回来最好的书刊。

采集什么书刊，是由图书馆的性质和任务决定的。作为中小学图书馆，采集的对象可分为三大类：第一类是共性的，各类图书馆都要采集的。这就是有关马克思主义经典著作，宣传党和国家方针、政策的政治类书刊，以及字典、辞海、年鉴、百科全书等工具书。第二类是与教育、教学有关的书刊，包括有关教育学、心理学、教学法、教育史、教学经验等的教师用书；学生参考用书可根据各年级各类课程的需要来确定，包括学习方法类书刊，有助于开展课外活动的科普读物、自学丛书等。第三类是文学艺术及体育等方面的书刊。

中小学图书馆采集工作必须处理好以下两个关系：第一是主次关系。中小学图书馆资金不多，库存量不大，不可能什么都买，必须在采集工作上坚持以重点藏书为主，一般藏书为辅。必须保证政治书籍以及教学用书的充分供应。有的学校图书馆，书架上大量摆着现代流行的各种小说、文艺刊物，却没有一套教育大辞典。学生虽学了科学社会主义常识，却借不到一本《共产党宣言》。第二是质量与数量的关系。采集书刊要特别重视图书的质量。要采集那些观点正确，科学价值、实用价值高的书刊。有的书刊虽然属于重点采购对象，但内容不健康、科学性不强，不宜多采购。有的图书打着科学读物的招牌，实则宣扬宗教迷信，对于这类图书坚决不购。在重视质量的同时，还要掌握藏书的数量。数量少无法满足师生需求，质量也无从谈起，要有计划地逐步购置师生所需之书，不断充实更新图书，同时要防止重购、滥购，要把有限的图书经费用在刀刃上。

2. 方便借阅

图书馆的根本任务是通过流通、外借服务来发挥教育人、影响人的作用，书再多、再好，如果不流通或很少流通，就发挥不了图书馆的效用。因此，方便借阅；想办法，创造条件让学生多借阅，是图书馆的重要职责。

为了方便借阅，图书馆要有一套科学分类办法。最基本的是根据分类号码搞好图书著录，图书著录就是对书刊资料的特征进行描述记录，制成图书卡片的过程。读者不用进图书馆，在室外通过翻阅卡片即可知作者、版本、出版日期、基本内容以及藏书号等。

在图书外借工作中可采取个人外借和集体借阅方式。集体外借是由每班推选出一名图书科代表，借书学生在查阅完卡片后，将要借图书统一交给图书馆管理人员，待找出后再由科代表取回，还书也是如此。这种办法既可以节省每个人排队等候的时间，又可以充分发挥科代表作为图书馆助手的作用。

图书馆借阅分闭架借阅和开架借阅两种。读者过多，管理不过来，一般多采用闭架借阅，读者不直接与图书见面，通过借阅卡由图书管理人员办理。但闭架借阅由于读者未与图书直接见面，往往所借非所用，今日借明日还，不能发挥最佳效应。因此，在读者人数较少、管理严密的情况下，最好采用开架借阅，让读者亲自选取所需图书。

3. 内部阅览

内部借阅是图书馆为读者创设一定学习环境，允许读者当场借阅、就地学习的一种形式。阅览室里可以摆上最新图书、杂志、报纸或一些数量少不宜外借的图书及各类工具书。阅览室必须建立严格的管理制度，既要方便读者就地借阅，用后归还，又要防止丢失和损坏。

阅览室有多种类型，既有综合性的又有专业性的；既有工具书阅览室也可有期刊阅览室或专设新书阅览室。著名苏联教育家苏霍姆林斯基非常重视阅览室的教育作用，他除了开辟上述阅览室外，还针对不同学生设立了年级阅览室。如1—4年级、5—7年级、8—10年级的阅览室。还有按学科分类的阅览室如数学专用室、语言文学专用室、外语专用室、生物学专用室等。

4. 视听服务

视听服务是指图书馆通过录音带、录像带、幻灯片、电影等声像资料为读者提供服务。视听资料较之书刊更具有形象生动、感人至深的特点。图书馆可通过为师生播放科教和外语电影、录像、形势报告录音以及出借视听资料，为各科教学服务。

图书馆还可对部分书刊资料进行复制为师生服务。文献复制包括手工抄写、打字复印、静电机械复印、缩微照相复制、光电誊影复印、电脑存贮复印等。图书馆还可从书刊中复印一些师生急需的章节、片段、数据、图表等。

有条件的图书馆应专设师生教学资料室。将教师的自编教材、参考书、典型教案、课堂教学录像、学生考卷、典型作业等收集起来，分类存档，供教师教学参考及分析研究使用。

5. 宣传辅导

图书馆要做好宣传图书阅览的意义，介绍馆藏工作情况、新书信息等工作。其形式有：

（1）环境布置

图书馆、阅览室要通过环境布置使学生认识图书馆的作用、书籍的意义，使读者热爱图书馆、热爱书刊并踊跃借阅图书资料。当师生一步入图书馆、阅览室，映入眼帘的应是"为中华之崛起而读书"等类型的警句。四周墙上应有关于图书馆作用的语录条幅：

"立身以立学为先，立学以读书为本。"（欧阳修）

"图书馆是汇集伟大先哲遗作的河流。"（培根）

"好的图书馆是一座巨大的宝藏。"（别林斯基）

"没有图书馆，学校便一事无成，学校和图书馆是一对姐妹。"（鲁巴金）

张贴领袖，中外名作家、科学家的肖像及他们热爱图书、教导人们刻苦学习的名言：

"只有用人类创造的全部知识来丰富自己的头脑，才能成为共产主义者。"（列宁）

"热爱书吧！这是知识的泉源。"（高尔基）

"书籍是人类最忠诚的朋友，生活中任何困难的时刻都可以求助于它，它从不背叛你。"（多代）

"非淡泊无以明志，非宁静无以致远。"（诸葛亮）

图书馆、阅览室是供人读书学习的地方，因此，要创建读书的气氛。室内应清新悦目、宽敞祥和、安静舒适、卫生漂亮。窗台上应摆设花盆，使之常绿常新。室内严禁抽烟、吐痰、吃零食，更不许吵闹喧哗。

（2）新书刊的宣传

新书刊反映的是读者最为关切的新的知识、情报信息。只有快速地报道，使师生及早了解才能更好地发挥其作用。图书馆可采用举办新书展览、编制新书目录、张贴新书简介等方式进行。

（3）开展书评活动

图书馆可自办"书评专刊""图书与读者""图书园地"等，组织师生撰写评论文章、写读书心得。

（4）举办图书报告会、座谈会

图书馆可针对不同节日、纪念日，请有关专家、学者、作家作报告。比如，为纪念毛主席《在延安文艺座谈会上的讲话》发表50周年，举办有关这方面书籍的讲座、讲演等。还可组织师生对某些有影响或有争议的图书、文章进行座谈讨论。

（5）帮助读者学会利用图书馆

当新生入学后，图书馆应组织他们入馆参观，由负责人介绍图书馆概况，讲解借阅办法。培养图书科代表，辅导读者使用图书目录，学习各类检索工具的使用方法以及阅读方法等。

二、陈列室及展览馆（室）

中小学陈列室及展览馆（室）是学校设施文化的重要组成部分，是对师生进行教育的重要阵地。

（一）陈列室

陈列室是学校向学生展示有关学校荣誉和尊严的所有东西的场所。每一所学校都有自己成长和发展的历程，都有自己的办学特点，都有自己在某些方面突出的表现。为了使学生、教职工从入学的第一天起就了解自己的学校，热爱自己的学校，把全体师生团结起来形成一个和睦的大家庭，就要对他们进行校史教育、传统教育，使他们增强光荣感和责任感，设置陈列室是一种很好的形式。

陈列内容包括：

①建校以来学校在教书育人、精神文明、体育、文艺、劳动、卫生等方面竞赛活动中取得优异成绩而获得的奖状、奖旗和奖品。

②毕业学生在各条战线做出卓越成绩而光荣立功或获得荣誉称号的事迹及其肖像。

③已退休教师们的简历、肖像及他们退休前对学生的临别致辞。

④被评为县、省、市及全国级的优秀教职工及特级教师，或在某一些方面做出卓越成绩而获得殊荣的教职工的事迹及其肖像。

⑤教师制作的精美教具。

⑥学生通过学习活动、课外活动创造出来的优秀作品，如文章、模型、工艺品、摄影作品、绘画、小发明、小创造以及教具等。

⑦家长、社会给学校的感谢信、纪念品。

⑧反映学校成长史或某一方面突出事迹的录像带。

（二）展览馆（室）

展览馆（室）是将自己的办学史或突出成绩，及对未来远景的规划等通过文字、图片或实物展示出来，系统向学生进行教育的场所。展览馆（室）不仅对本校师生具有重要的教育作用，而且也是向社会做宣传、提高学校声望和知名度的重要手段。不少先进学校都非常重视展览馆的建设并作为传统教育形式长期坚持下去。

展览馆的内容有：

①校史展览。

②关于整体改革或单项教学改革经验的展览。

③关于学校发展规划的展览。

④关于思想品德教育经验的展览。

⑤关于生产劳动、勤工俭学活动成果的展览。

⑥关于课外活动经验的展览。

⑦关于本校中有突出成绩的师生事迹的展览。

⑧学生优秀作品和作业展览。

三、校舍内部陈设的教育作用

苏联教育家苏霍姆林斯基说："孩子在他周围——在学校走廊的墙壁上、在教室里、在活动室里经常看到的一切，对于他精神面貌的形成具有重大的意义。这里的任何东西都不应当是随便安排的。孩子周围的环境应当对他有所诱导、有所启示。我们竭力要使孩子所看到的每幅画，读到的每句话，都能启发他去联系自己和同学。""我们在努力做到，使学校的墙壁也说话。"这恰当地说明了校舍内部陈设的重要教育作用。

校舍内部陈设包括学校墙壁，橱窗，名人肖像、雕塑和语录牌等。

（一）学校墙壁

学校墙壁的教育作用，一方面是指墙壁要保持清洁、美观，没有痰迹、足迹，具有美育作用。另一方面，利用墙壁进行宣传、引导，担负起思想教育的任务。不仅要使墙壁会说话，而且要说对师生有正面、积极教育作用的话。例如，在墙壁上书写宣传标语、办墙报、开设专栏等。

（二）橱窗

在学生宿舍门前、教学区正面、办公楼前等师生经常出入的地方建展览橱窗。内容包括各种图片、好人好事介绍、每日新闻、报纸专题剪贴等。

（三）名人肖像、雕塑和语录牌

根据1992年国家教委的要求，各校都要悬挂中外名人画像。这是进行爱国主义、革命传统教育的好教材。除此之外，还可根据学校性质和特点在走廊平房两端山墙上绘出、张贴或悬挂科学家、名人及英雄人物的肖像，在下边或侧旁书写他们的语录：

"任何时候也不要认为你已经无所不知。不论人们对你评价多高，你也总得敢说'我是无知的'。"（巴甫洛夫）

"不管时代的潮流和社会的风尚怎样，人总可以凭着自己高贵的品德，超脱时代和社会，走自己正确的道路。"（爱因斯坦）

"我们应该不虚度一生，应该能够说，'我已经做了我能做的事'。"（居里夫人）

"一个人活着，就应该像白求恩同志那样，把自己的毕生精力和整个生命为人类的解放——共产主义全部献出。"（雷锋）

"愈艰难，就愈要做。改革，是向来没有一帆风顺的，冷笑家的赞成，是在见了成效之后……"（鲁迅）

"没有智慧的头脑，就像没有蜡烛的灯笼。"（列夫·托尔斯泰）

（四）角的布置和利用

在学校走廊的拐角处、学校的拐弯处竖立标语牌，作为某一阶段学校中心任务提醒学生。如"注意，请讲普通话！""请用文明礼貌语言""请按中（小）学生行为规范要求自己"。学生反复诵读这些语录，抄入自己的日记本，不仅会在头脑中留下深刻印象，而且这些话语对他们的思想行为也能起重要规范作用。

走进上海的小学校，你会看到一块十分醒目的小黑板，上面用彩色粉笔写着：mēiriyijü（每日一句）。这一句话的内容是向学生进行常规教育的：像"小学生不随地吐痰""小学生要有礼貌""小学生要爱护公物"……清晨，陆陆续续到校的小学生们，进入校门后首先要拼读"每日一句"，而这一句话也似乎成了他们一日生活的指南。

有的学校建立少先队活动角，张贴少先队员的模范事迹。有的学校建立雷锋角，桌上摆着雷锋塑像、雷锋日记以及其他先进材料等。

在华东师大附小，看到了这样一幅画，画的背景是一幅中华人民共和国行政区域图，在版图的四周贴有许多英雄人物的头像和他们的光辉事迹简介，然后用一条红线把英雄人物与其家乡的省份连接起来。像雷锋就和湖南省的版图连在一起；向秀丽就和上海市的版图连在一起；刘胡兰就和山西省的版图连在一起……一群戴红领巾的小学生在画前指指点点，偶尔还有些争论。通过这种教育，孩子们不仅知道了国家大事，而且会为祖国的发展进步而自豪，而刻苦读书，激发出了热爱祖国的情感。这种教育形式直观、可行、收效大。

也有的学校在一进校门正中间矗立穿衣镜，师生一进校门必须首先面对镜子观容、整容。如周恩来同志早年就读的南开中学教学楼门前，不仅挂着这样的镜子，而且镜子上题着名言："面必净、发必理、衣必整、钮必结……"师生面对大镜子可以正衣冠，名言可以督德行。

第三节　学校的净化与绿化

学校净化与绿化是学校环境文化的具体表现，是学校物质文化的重要内容，也是对学生进行全面发展教育的基本条件。

一、学校净化与绿化的意义

学校净化与绿化有着重要的意义，概括起来，有以下几点：

（一）陶情冶性

在一个环境优雅、绿树成荫、空气清新馥郁的条件下学习，能够激发学生积极愉快的学习情绪、爱美的情操、高尚的志趣。反之，如果学校杂乱无章、草木皆无、尘土飞扬、垃圾遍地，必然造成学生心情压抑、烦躁不宁，影响学生的学习兴趣。我国古代早期的学校已经注意到了学校环境的美化问题。如西周时期，国都的大学辟雍，就讲究四面环水，其环如璧，广植林木；诸侯都城的大学泮宫要求半环以水，过桥入校；宋代的书院专门选择名山胜景的清幽之地建院设教。

（二）知识，培养美好的道德情操

学校里生长着的多种树木、盛开的各种花卉以及实验园地上种植的各种植物，不仅能使学生获得美的享受，而且为学生观察自然界，掌握植物生长规律，认识植物特点提供了条件。学生通过自己的双手养花植树、美化学校，可以培养劳动观点，激发热爱劳动、热爱劳动人民的感情，可以培养集体主义和共产主义道德情操，养成良好的卫生习惯。

（三）净化空气，有利于身体健康

绿色象征着生命，象征着青春。绿树成荫、百花争艳、四季飘香、果实累累的学校，有利于学生身体健康成长。茂盛的树木、绿色的花坪，可以减少尘沙，净化空气，调节湿度，促发夏天降温，冬天增温。苍松翠柏等树种释放的物质还有灭菌之功效。据调查，在人口稠密的城市里，1立方米的空气中含有30000万～40000万个细菌，在森林地区，1立方米空气中只含有300～500个细菌。月季、美人蕉等花卉可减轻空气中的二氧化碳、氟氯气的污染。因此，科学地种植花草树木，充分发挥绿化促进学生机体新陈代谢的作用，有助于师生在清新舒适的环境中学习和工作。

二、学校净化与绿化的要求

学校净化与绿化的要求分两方面来谈：

（一）学校的净化

1. 修好学校道路，讲究道路卫生

学校道路的配置、质量、卫生状况，不仅直接影响学校的交通，而且是校容、校貌好坏的标志。学校道路的基本要求是保证学校道路畅通，做到平坦、洁净，雨雪天不积水、不泥泞。学校道路应分设主干和支干。主干要宽阔，支干要美观。最好都砌成水泥板路，或者是碎石路、砖路。小路也应讲究艺术造型。

2. 建立净化学校制度

中小学要严格贯彻国家教委、卫生部1990年联合发出的关于实施《学校卫生工作条例》的通知精神，搞好学校卫生，净化学校。学校建筑、环境噪声、室内微小气候、采光、照明等必须符合国家规定的有关标准。要建立卫生清扫制度，加强对学校师生个人卫生、环境卫生、宿舍卫生、教室卫生等方面的管理。开展经常性的卫生检查，建立卫生评比竞赛制度。学校教职工要带头搞好净化学校的工作，执行各种卫生制度。

（二）学校的绿化

学校绿化应做到以下几方面：

1. 统筹规划、合理布局

学校绿化，不是孤立的，必须与校舍同步实施。要根据学校地理自然环境和校舍建筑布局特点设计绿化方案。什么地方栽乔、灌木，什么地方栽花木，什么地方铺草坪都要规划好。一般要求是，校门两侧绿化，以种植高大遮阳的乔木为主，形成林荫夹道。教学区的绿化以美化环境为主，以多种灌木和绿篱、花卉、草皮为宜，并讲究艺术造型。宿舍区的绿化要树木、花草均衡搭配。体育场地以庇荫为主，适铺草坪，场外种植高大乔木和绿篱。

所植花木要考虑开花期。花的色彩、花木高低、树叶形态都要与景点和建筑物相配合。要做到点、线、面协调、有机组合。点要幽雅、线要整齐、面要宽敞。线上布景要达到步移景异、步进景深。花草树木配置有序，做到使整个学校四季常青、绿林成荫、香飘满园。

2. 符合教育性特点，体现知识性，趣味性

绿化不单纯是栽植，更主要的是给学生创造一个优雅的学习环境，有利于学习，有利于陶冶性情，有利于对学生进行植物学知识的教育、爱护公物的教育。当繁花似锦时无一人攀枝；当果实累累时，无一人采食。草坪造型、花卜剪接要讲究艺术性、趣味性，既可供学生临摹写生，又给学生以美的享受。

3. 体现科学性

学校绿化是一项技术性很强的工作。应有植物学教师或农业技术员进行指导，确保学校绿化工作顺利开展。防止"年年绿化不见绿，春栽秋死白费功"的得不偿失现象发生。

4. 要加强管理

学校要加强对师生植树、护树、爱树的教育。

要落实责任制，人人挂牌护树。要完善护树设施，实行树木"围植"。对果树园、花坛更要派专人护理、看管。

三、学校噪声的危害及防治

学校噪声问题是学校要解决的重要问题。学校噪声对教学效果及师生身心健康的影响很大，必须予以充分重视。

（一）噪声概念

所谓噪声，从物理学角度来看，是不同频率和不同强度的声音无规律地组合在一起的无调嘈杂声。从环境学角度来说，一切对人类生活和工作有妨碍的声音，均可认为是噪声。学校噪声是指影响学校正常教学活动进行的一切声音。它包括校内噪声和校外噪声。校内噪声主要来自操场、音乐教室、实验室、实习工

厂等。校外噪声主要包括各种机动车的引擎声、喇叭声，飞机、火车运行的震动声，市场的叫卖声、喧闹声以及高音喇叭的广播声，鞭炮声，等等。

（二）噪声的危害性

噪声的危害性主要表现在

1.影响学生听收能力

日本学校环境卫生的标准中明确规定："教室，最好是不受校内外噪声影响的环境。教室内符合要求的噪声标准，关窗时是中央值50分贝以下，开窗时是55分贝以下。另外，上限值是65分贝以下。"就是说，不影响上课的噪声响度应在50～55分贝。在符合噪声标准下听课，其听收率为80%～85%，如噪声超过55分贝则听收率降至80%以下。

2.影响思考及作业能力

对学生进行智力测验的实验发现，噪声对思考有妨碍，推理性思考比具体性思考受噪声的影响大，图形的思考比文字的思考受噪声的影响大。噪声对思考力的影响可能因性格而有差异。噪声对思考力的影响可能随着智力的高低而有差异，一般对智力高者影响较大，连续音比断续音对思考力的影响大。相关实验也证明"位于快车道沿线的学校，学生标准阅读数和数学考试成绩大大低于临近比较安静区域的学生的成绩"。

3.对师生身心造成危害

长期生活在噪声中不仅会使智力减退、听力受阻，而且会引发疾病。根据亚太地区国际耳鼻喉科医学会的报告：由于噪声的缘故，学生听力障碍懂患率逐年增加，其中被认为与噪声伤害有关的高度听力障碍的比例明显上升。医学所进行的声音障碍调查研究显示，声带结节的发生与环境噪声有关，所在环境噪声愈大，愈容易患声带结节。日本保健学专家曾提出，在符合噪声标准值（50～55分贝）的情况下，才能使教师以一般声音（57分贝）从容上课，否则教师必须以"大声"（65分贝）授课，造成职业性嘶哑症。除此之外，噪声还能引起高血压、心脏病等，并使师生产生烦躁情绪、头晕目眩等症状。

（三）噪声污染的防治

为了提供安静的教学环境，减少噪声对教学造成的不良影响和给师生健康造成的危害，中小学必须特别注意做好学校噪声污染的防治工作。

1.在选择校址时就要远离噪声发源地

在建筑设计上，避免使校舍呈封闭式，以疏散噪声，在音源与受音体间设置阻音物或装置吸音材料。音乐教室、体育教室、工厂等要与普通教室隔开。

2.搞好调查工作，找出噪声源，并采取措施加以控制

如禁止在校门前建市场、摆摊叫卖。严格执行噪声管制，在校外 20 米处设立"禁鸣喇叭"的标志。与邻近单位协商，上课时间不开放广播。

3.加强对学生的教育，注意保持安静

制定有关制度，在上课时不许学生大声喧哗、吵闹，减少人为因素产生的噪声。

4.扩大绿化面积

校内绿化也能阻隔噪声的移动与扩散。

第五章　学校精神文化建设

学校精神文化是学校文化的核心内容，是学校文化有别于社会文化的一个显著特点。它是学校教师与学生的意识形态、价值观念的体现，是一个学校本质、个性、精神面貌的集中反映。学校精神文化包括作风文化、思想意识文化和关系文化等，具体体现在校风、教风、学风和人际关系上。

第一节　校风

一、树立优良校风的意义

校风是全校师生员工共同努力，在长期教育管理中逐步形成的相对稳定的精神状态和作风，是学校各方面教育成果的集中表现，是思想品质、革命理想、道德情操、学习风尚、工作态度的综合效应，是学校精神文化体系中高度成熟并且已被学校师生一致认同的主体精神文化，是学校文化的最高境界。校风体现了学校精神，是学校文化的核心。有无优良校风，是一所学校办得好与不好的标志，也是一所学校能否办好的关键所在。

优良校风既是无声的命令，又是有形的榜样，对师生有巨大激励作用。一所学校一旦形成优良校风，则教师呕心沥血、严谨治学、循循善诱，学生勤学苦读，生动活泼，而且教学秩序井然，教学活动丰富多彩，构成一种浓厚的积极向上的学习氛围。在这种氛围中生活的师生紧紧凝结在一起，从而在学校内建立起高度和谐、彼此信任的群体关系，学生必然精神振奋、身心愉快，进而焕发出无穷的创造精神和力量。这是任何教师的说教都代替不了的。校风所创造出来的情境和氛围能引起人们感情上的共鸣，使师生自觉或不自觉地跟着大家前进。在客观上起着约束行为的作用。

71

二、良好校风的内容

作为社会主义的学校，良好校风应以崇高的共产主义理想为指导，具体内容表现为：

（一）团结友谊

具有优良校风的中小学校，就是一个大家庭，就是一个和睦相处的集体。集体成员间相互信任、彼此合作是完成教育任务的根本保证。否则，一盘散沙，领导之间互不信任，教师之间文人相轻、尔虞我诈，学生之间三个一群五个一伙，各行其是，不仅什么事情也办不成，相反，会助长个人主义，使自私自利思想泛滥。因此，团结就是力量，大家劲往一处使，学校工作才能顺利完成。

集体成员的团结友谊，首先表现为互相同情。上海名校嘉定二中的校风的突出特点就是"师生互助，团结奋进"。某天半夜里高三的一位同学大出血，全校师生闻讯赶到医院，纷纷要求为其输血，最终挽救了病人。他们学校被评为全国优秀体育教师的尹隆庆不幸病逝，留下孤儿寡母三人，全校师生闻讯，在沉痛悼念之余，自发地组织捐款达3000元。团结友谊作风还表现在当有紧急任务、突击工作时，大家能够召之即来，来之能战，雷厉风行，说干就干。彼此支持，不互相拆台。团结友谊作风还应该是善于维护集体的荣誉，每个成员都能"慎独"行事，哪怕只有一个人，也能严格要求自己。当然，团结友谊不是一团和气，不是有人犯错误也互相包庇，而是经常开展批评，在正确的道路上共同前进。

（二）朝气蓬勃

具有优良校风的学校，一个很重要的方面就是大家对我们的祖国，对社会主义建设，对教育工作充满热爱之情，学校是他们不愿离开的场所。生活在这样的学校他们感到无比快乐与幸福。他们精力充沛、富有朝气。他们把这样的校风作为一种精神已浸透和附着在学校内各种文化载体及自己的行为活动之中，从而使每个成员无不感受到它的存在，以及由它透射出来的感染力、吸引力和魅力。大家都有这样的感受，每当置身于具有优良校风和享有盛誉的学校，总会感到学校有种富有生命力的、奋发向上的东西，不断撞击着我们的心灵，使我们兴奋，为之感动。到了一所平庸无奇、毫无特色的学校，则不会产生这样的感受。因此，朝气蓬勃的校风有利于培养出具有创造性、善于进取、勇于奋进的全面发展的学生。

（三）和谐民主

民主作风是我党的优良传统，是党的群众路线的具体体现。当然，也是优良校风的重要内容。学校中领导、教师和学生都是平等的关系，没有高低贵贱之别。学校中只有发扬民主才能调动广大师生的积极性，成员间才能彼此融洽，敢于说话。这有利于培养学生积极主动的学习态度和能力。

和谐民主作风，首先表现在学校领导作风上。这是学校能否发扬民主作风的关键。领导发扬民主作风就要对师生尊重和热爱，培养他们的尊严感，放手让师生做自己能做的事情。苏联教育家马卡连柯指出："只有当整个教育机关的工作在很大程度上由儿童集体来担负从领导方面分出来的责任的时候，学生才能产生尊严感。"领导发扬民主作风还应表现在学校重大决策和重要活动吸收师生代表参加。领导应以普通成员的身份和态度，与师生商量研究，并在此基础上果断地做出决定，雷厉风行地处理问题，不优柔寡断，不放任自流。

发扬民主作风要培养师生批评和自我批评的习惯，使他们敢于向学校、向领导提意见。这样才能及时发现问题并解决问题。

（四）实事求是

"实事求是，是无产阶级世界观的基础，是马克思主义的思想基础。过去我们搞革命所取得的一切胜利，是靠实事求是；现在我们要实现四个现代化，同样要靠实事求是。"这是邓小平同志对我们领导干部讲的，同样适用于学校。一个学校的优良校风也应该表现为一切从实际出发，实事求是。

有的学校由于缺少这种作风，往往是弄虚作假，谎报成绩，在"片面追求升学率"的思想指导下，搞了很多违背教育规律的事情，使教学质量日趋下降，严重影响了学校威信。相反，也有不少学校由于坚持实事求是的作风，使学校越办越好，很有成绩，富有特色。如上海宜川中学多年来发扬"崇尚求实、奋发向上"的校风，做到"三个坚持"：反对只抓智育，坚持德、智、体、美、劳全面抓；以教学为中心，坚持各项工作全面抓；因材施教，坚持对好、中、差不同层次的学生全面抓，使教育、教学、科研等工作都取得了可喜的成绩。上海闵行中学，多年来以端正教育思想为先导，以"勤奋、严谨、求实、创新"为校风，治校中坚持求实传统与改革创新相结合，使学校各项工作都做出了成绩。

实事求是作风就是要善于做好调查研究，做到胸中有数，能根据实际情况制订工作方案，不搞唯心主义，不犯主观主义错误。

实事求是的作风，就是要根据学生实际情况，从基础入手，扎扎实实搞好教育和教学，不揠苗助长，不搞突击，按教育规律教书育人。学生认真踏实学习，不装、不吹、不抄袭别人作业，考试不作弊。

三、良好校风的培养

良好校风不是在学校刚一成立就形成的，而是在学校文化的基础上，特别是在学校传统精神文化的基础上，通过长时间的实践活动，经过历史的积淀、筛选、凝练发展而成的。良好的校风也不是自然而然形成的，必须有目的、有计划地加以培养，并通过传统将其固定下来。那么，怎样培养良好的校风呢？

（一）端正教育思想

教育思想是人们在一定社会、一定时代对教育现象、教育本质的认识和看法，集中反映在为什么培养人，培养什么人，怎样培养人上。不同社会、不同时代的人，对上述问题的看法不同。就是同一社会、同一时代，不同世界观的人也存在着不同的教育思想。这就出现了所谓的正确的教育思想和错误的教育思想。人的教育实践活动，总是要受一定的教育思想的指导。将正确的教育思想作指导，教育活动就会沿着正确方向发展，进而卓有成效地完成教育任务，形成良好的校风；将错误的教育思想作指导，就会使教育活动产生混乱，完不成培养人的使命，就会校风不正。

端正教育思想应从三方面入手：从领导角度看，要端正办学指导思想，树立正确的办学观；从教师角度看，要端正教学思想，树立正确的教学观；从学生角度看要端正教育目的，树立正确的质量观、人才观。

正确的办学指导思想，包括"教育必须为社会主义建设服务，社会主义建设必须依靠教育"的根本思想，"教育必须为社会主义建设服务，教育与生产劳动相结合，培养德智体全面发展的社会主义建设者和接班人"的教育方针，以及"提高民族素质，多出人才，出好人才"的目的。中小学领导必须深入全面理解上述思想，并在教育活动中加以贯彻，为树立良好校风打下思想理论基础。长期以来，有些中小学由于办学指导思想不明确、不端正，使良好校风难以形成，甚至助长了邪气。有的学校片面理解"教育必须为社会主义建设服务"的思想，出现了"学校变市场，课堂搞交易，师生只认钱，哪管情和谊"的现象。有的学校为了追求升学率，以智育代替德、智、体、美、劳各育，用教学代替其他一切活动，学校死气沉沉，没有生机活力。

教师要革新"教学就是教书"的传统观念，树立"教学必须教书育人"的新观念；改变"升学第一""分数第一"的教育质量观，树立"全面提高素质，培养合格人才"的质量观；要扭转只把学生看成"容器"的错误观点，树立学生是主人应主动学习的观点。

学生要树立正确的价值观、人生观。要扭转"只有专家和领导才是人才"的片面人才观，树立"社会主义建设需要多层次、多类型、多规模的建设者和接班人"的人才观。

（二）确定校训，严格执行校训

校训是学校为了树立优良校风，对全体成员进行思想品德教育、行为习惯训练，而提出的简明概括的训练要求。它是学校办学指导思想和人才培养规格的具体化，体现了学校对师生的方向要求。校训与校风有一致处。通过校训体现校风、规范校风。如果校训确实被广大师生所接受，并在各方面贯彻执行其精神，那么，校训便可成为该校校风的标志。否则，校训便只是徒有虚名的口号罢了。有好的校训并不等于就有了好的校风；好的校风必须有好的校训加以指导和规范。

校训的提出必须符合下述要求：

1. 符合四项基本原则和教育方针的要求

校训应有利于培养学生德、智、体全面发展，如"文明、健康、团结、奋发""刻苦学习、勤劳俭朴、踏实工作、献身祖国""勤奋、严谨、友爱、守纪"等。有的学校将资产阶级民主革命时代提出的"思想自由、兼容并包"等拿来做现代学校的校训，显然是不合适的。

2. 从本校实际出发，符合自己学校的特点

有的学校以严治校，处处严格要求，就可提出"严格、踏实"的校训；有的是以艰苦创业为特点就可以提出"艰苦奋斗、勤俭办校"的校训。上海敬业中学历来以"敬业乐群"为校训（"敬业"指专心于学业，"乐群"指乐于交朋友切磋），就很有自己的特点。现在，不少学校虽然也有校训，但缺乏本校特色，而是互相模仿，不仅同类学校的校训雷同，甚至大、中、小学的校训也同出一辙。

3. 文字简练，概括性强，便于记忆

有的学校唯恐校训覆盖范围狭窄、不全面，搞出了一堆架床叠屋的文字作为校训。如某校提出"勤奋学习、遵守纪律、懂得礼貌、讲究卫生、关心集体、团结友爱、热爱劳动、艰苦朴素"的32字校训。这样的校训不仅抓不住要害，学生也很难记忆，当然更谈不上升华为校风。好的校训，并不在于面面俱到、全面要求，只要抓住一个核心、一个灵魂、一个关键，突出某一方面，就能带动其他。

校训可以请名人、专家题词，制成匾额，或书写成大字，悬挂或张贴在显著位置，作为师生座右铭。要通过不同场合向学生宣传，讲解校训的内容和贯彻要求，使学校的理想目标为全校师生所认同、所接受。

（三）创立形成良好校风的条件，开展各种有意义的活动

校风包括认知、情感、意向、行为等成分，培养优良校风就要注意创设能够激发学生情感、调动学生积极性的情景和氛围。学生各种集会（校会、周会、团队会等）是教育者有目的、有计划地对学生进行教育的活动形式，对形成良好校风有重要作用。节日联欢、春游、野餐、晚会、文艺会演、体育比赛等活动对师生开阔视野、锻炼意志、表现风格、增长见识都有益处。热烈的鼓号、隆重的仪式、整齐的队伍、庄严的宣誓、动人的演说，都会使学生激动不已，给其留下美好印象。

（四）树立正确的舆论

舆论是被多数人所赞同、在集体中占优势的言论和意见。它以褒贬的议论来肯定和否定集体成员的言行。舆论有正确的和不正确的、健康与不健康之分。正确的健康的舆论是鼓舞、激励、约束人们的言行，能促使集体前进；不正确的舆论会使集体涣散、瓦解斗志，是集体的腐蚀剂。正确健康的舆论既是良好校风形成的标志，又是促使良好校风形成的手段。

正确的舆论不是自发形成的，是全体教育工作者在整个教育、教学过程中共同努力的结果。为了培养和树立正确的舆论，要通过各种形式向学生宣传中小学生道德规范、法律常识，进行形势教育，提高他们的政策水平、认识水平，培养学生正确的是非观念和区别是非、真假、美丑的能力。要鼓励学生敢于批评和斗争，促使正气上升、邪气下降，形成好人好事有人学，坏人坏事有人管，人人争先进、个个不甘落后的良好局面。

（五）培养爱校意识，发挥学校传统的教育作用

所谓学校传统是指在学校发展过程中形成并流传下来的具有特点的思想、作风、习惯、制度等。优良的校风不是凭空产生的，它是随着历史的发展，不断吸收时代精神，在学校长期的文化实践过程中逐步形成的，它凝聚了学校被大家引以为豪的优秀传统。优秀传统是维系学校的精神支柱，是培养爱校意识的手段，是良好校风的表现形式。"这种传统能够使集体美化，它为集体建造了外表的骨架，具有吸引力的那种外表骨架。"

同时，优良校风和已形成的学校精神也必须通过继承的手段传播下去，起到"起源于昨天，作用于今天，影响于明天"的影响作用。

下边介绍几种影响较大的传统教育形式：

1. 校服

校服是全校师生统一定做的服装。一般分教师服和学生服，重点是学生服。学生服分为男生服和女生服。师生着装校服不仅看上去整齐、美观，给人以力量，而且也是团结学生，更好地管理学生的手段。苏联教育家马卡连柯很重视校服的教育作用。他认为"制服具有非常重要的意义"。他说："我将不惜一切努力，要使每一个学校的学生都有很漂亮的制服，这是团结集体的一种很好的'胶着物'。""一个集体，只要你使它有很好的服装，那你在管理上就有50%的把握了。"

制作校服的要求是舒适、美观、朴素、大方、整齐一致。要根据师生特点，量体裁衣。制服要新颖，有特点，一旦确定下来，不要年年更换，要保持相对稳定，使社会认识校服，一看到某一种校服，就知道是某校学生。要使学生尊重校服、爱护校服，学生一旦穿上校服，在任何场合、任何条件下，都应想到学校的荣誉。校服既是学校的标志，也是校风的体现。

2. 校歌

校歌是经全校师生讨论、确认，能体现本校特色，激励师生奋发向上的歌曲，一首校歌不仅反映了学校的面貌和特征，而且用美丽的言辞歌颂了学校，从而达到了使师生热爱学校的作用。

校歌的歌词要优美、流畅、寓意深刻、富于启迪和教育作用，曲调激昂，给人以向上力量。上海敬业中学的校歌歌词如下：

"敬业乐群，古训昭明，敬以治事，业以立身，华夏大地，皆有我生，尽心尽职，为国为民，凡我学子，幼学壮行，敬师爱友，崇实求真，唯严唯诚，勤勉奋进，敬之敬之，日新又新。"

要使全校师生理解校歌的含义并会唱。全校开大会除了唱国歌外，还要唱校歌。

3. 校庆活动

校庆是为了纪念学校建立若干周年而举行的庆祝活动。一般是历史比较久或在某些方面具有特色的学校举行。校庆活动对于发扬学校光荣传统，激发师生爱校热情，提高学校知名度具有重要作用。举行校庆活动，本身不是目的，主要是为了教育师生。当举办校庆作为目标提出后，就应号召师生以实际行动为校庆做贡献，把筹备校庆活动作为教育师生的过程。借举办校庆的东风，整顿校容、校貌、校纪。通过丰富多彩的校庆活动，如整理校史，举办校史展览，请校友回校传经送宝等对师生进行教育。举办校庆活动要量力而行，切不可大肆挥霍，铺张浪费。

4.升国旗仪式

五星红旗是中华人民共和国的象征，代表了我们伟大的祖国。培养师生对祖国的热爱，就要从热爱国旗做起。1990 年 8 月 24 日国家教委发出关于中小学升降国旗制度的通知，明确指出，升降国旗制度，是对师生进行爱国主义和革命传统教育的好形式，是学校德育工作不可缺少的一项内容。中小学应把升降国旗制度抓好，作为一项传统坚持下去，这必将对良好校风的形成起更大的促进作用。

按照《中华人民共和国国旗法》规定的有关精神，中小学在执行升降国旗制度时应注意以下几点：

第一，全日制学校，除寒暑假和星期日外，应当每日升挂国旗，每周一及重大节日或纪念日举行升旗仪式。每日静校前，由旗手和护旗手按《中华人民共和国国旗法》中有关规定降旗。

第二，举行升旗仪式时，在校全体师生参加，整齐列队面向国旗杆，肃立致敬。在不举行升降旗仪式时，遇到升降旗，凡经过现场的教职员工和学生都应面对国旗，自觉肃立，待国旗升降完毕方可自由行动。

第三，要开展宣传《中华人民共和国国旗法》、学习《中华人民共和国国旗法》的活动，使广大师生充分认识制定和执行《中华人民共和国国旗法》的重要意义。培养学生自觉地热爱国旗、尊重国旗的感情和习惯，遇到有损国旗形象时，要挺身而出，保护国旗，爱护国旗。

第二节　教风

教风是教师在长期的教育实践活动中形成的教育、教学的特点和作风，是教师道德品质、文化知识水平、教育理论、技能等素质的综合表现。每个教师有每个教师的教风，同时一个学校在总的校风影响下又会形成一所学校教师所共有的教风。

良好的教风是一种强有力的教育因素。它具有强烈的示范性、感染性。教师的一举一动、一言一行便构成树立在学生面前的生动榜样，对学生的人格品质、道德素养的养成具有深刻的教育作用。教师不仅用言语向学生传授知识、道德伦理，而且他的教学风度，如装束、仪表、教态、语言、手势、表情、作风等也是重要的教育内容和手段，对激发学生思维，帮助学生记忆、理论联系实际都有促进作用。良好教风对稳定教师队伍、提高学校声誉也有重要意义。上海某中学教师一条最深刻的体会是，"要培养和发扬本校的好校风、好传统，必须先培养和发扬好的教风；通过抓好教风，建立一支政治素质好的教师队伍，也只有建立一支政治业务素质好的教师队伍，才能办好学校。数十年来，本校之所以能办出点成绩，获得社会的好评，主要原因之一就是有一支比较好的、又比较稳定的教师队伍"。只有教风正，全体教师才能团结一致，为办好学校而努力。如果教风不正，教师无敬业之心，无育人之志，学生也就无向学之力。这样的学校岂不越办越坏，威信扫地。可见，树立良好教风，是学校健康发展之关键所在。

一、良好教风的内容

良好教风的内容是多方面的，仅就最重要的几点加以阐述：

（一）敬业爱生、甘为人梯

敬业是指专心于学业、热爱自己的事业；爱生是指尊重、热爱自己的学生。甘为人梯就是以自己的辛勤劳动为别人换取幸福，甘心情愿让别人踩着自己的肩膀，去攀登，取得更好的成绩。敬业爱生、甘为人梯是教师道德素养的重要内容，也是教风的重要表现。

敬业爱生、甘为人梯的教风，要求教师首先要忠诚于教育事业，热爱自己的教师工作；应该勤勤恳恳，兢兢业业，鞠躬尽瘁，无怨无忧；不为名利所诱惑，不被困难所吓倒；为教育事业"捧着一颗心来，不带半根草去"，全身心地投入教育工作中。

敬业爱生、甘为人梯，就是要热爱学生，把自己的一切奉献给学生。教师从学生早上6时起床，直到晚上9时熄灯，一直要操心，工作时间长达15个小时，他们不仅管教、管育、管学，还要管吃、管穿、管睡，真正做到了呕心沥血。

热爱教育事业与热爱学生是相辅相成的两个方面。敬业而不爱生是空中楼阁，是无的放矢；爱生不敬业就失去了爱生的条件，达不到爱生之目的，必须把敬业与爱生结合起来。

（二）严谨治教，踏实认真

科学来不得半点虚假，教师作为科学文化的传播者更要树立严谨治教的态度，对自己所从事的工作精益求精，一丝不苟。只有严格要求自己，一丝不苟，踏实认真，才能教育出合格的学生。

严谨治教、踏实认真还表现在对学生要严格要求。只要是要求学生做的，就一定要他们认真完成；要求当天完成的，决不能拖到第二天。对于学生的微小错误，也不应放过，其每一过失，都要及时予以纠正。

严谨治教、踏实认真，就要知之为知之，不知为不知，决不能不懂装懂。教师也有不知之时，也有做错之时，但敢于在学生面前承认自己的不知，大胆承认自己的错误，才不愧为真正的教师。道歉不仅不会降低自己的威信，相反，会赢得学生的谅解和尊重，威信会更高。

（三）言传身教，为人师表

人民教育家陶行知先生指出："我们深信，教师应当以身作则。"叶圣陶先生也说过："教育工作者的全部工作就是为人师表。"教师不仅要以自己的渊博学识来博得学生的信任，更要以自己的模范行动来赢得学生、家长和社会的敬佩与尊重。

言传身教、为人师表，就是要做到：只要自己说到的，就要做到，要求学生做到的，自己首先做到。教师决不能口是心非、言行不一，更不能在学生面前一个样，离开学校，没有学生"监督"时又是一个样。要知道，在教师的周围有无数双眼睛在窥视着，审查着，任何事情都不会瞒过学生。对待学生不应有半点虚伪。

（四）学而不厌，诲人不倦

学而不厌、诲人不倦是教师治学和治教的正确态度。教师必须是一个具有渊博知识和精湛的专业知识的人。为此，就要孜孜不倦地学，刻苦攻读一切有用的知识，学而不厌不仅对自己有益，而且也是教育学生的手段。正如陶行知先生所说："要想学生好学，必须先生好学。唯有学而不厌的先生才能教出学而不厌的学生。"只有学而不厌的教风，才能带出学而不厌的学风。对学生则要诲人不倦。教师的知识只有通过教育转化成学生的知识，才算实现了教师的价值。这就要求教师认真努力地向学生传授科学文化知识和道德伦理。当学生向老师发问，教师就应满腔热情地给予回答。学生提的问题越多，教师应越高兴，要做到百问不厌，百答不倦，耐心细致，诚恳认真，在学生面前不应表现出丝毫的厌烦与不满。

（五）活泼开朗、仪表堂堂

活泼开朗、仪表堂堂，这是中小学教师职业特点的要求，也是优良教风的重要内容。

青少年的特点是朝气蓬勃、活泼好动。这就要求教师能够适应学生的特点，尽量缩小与学生在性格上、年龄上的差距，想他们之所想，做他们之所做。使学生感到"老师与我们一样，老师就在我们中间"。要做到陶行知先生要求的那样"儿童团里无老翁，老翁也得变儿童"。

活泼开朗、仪表堂堂，要求教师稳重端庄、和蔼可亲、热情大方、谦逊文雅、不卑不亢。注意克服和纠正衣冠不整、萎靡不振、精神不佳、虚伪浮夸、傲慢无礼、脾气大发等不良倾向。

（六）开拓进取，勇于创新

改革开放也对教师也提出了新的更高的要求。为了适应新的形势，就要全意培养教师开拓进取、勇于创新的教风。特别是由于我国中小学教育，在教育思想、教育内容、教育方法上有欠缺，不少课程内容陈旧，教学方法死板，实践环节不被重视……这就要求我们教师迅速改变这种状态，只有培养开拓进取，勇于创新的教风，才能适应这种局势的需要。

开拓进取，勇于创新，要求教师不断用新的知识武装自己，熟悉本专业领域中的新信息、新观念，勇于接受新事物，并能灵活地驾驭和运用新知识去解决实际问题。还要注意克服自己陈旧的落后的传统观念。要敢于冲破旧的条条框框，发扬自主性、创造性，大胆进行改革。在教育、教学上也需要胆子再大一些、使改革的步子再快一些。教师要勇于接受并承担起教育改革的重任，积极进行教育整体改革、教材改革、教法改革，开展教学实验和教育科研活动。

二、良好教风的培养

良好教风的培养，应从以下几方面进行。

（一）加强教师培训工作，建设一支德才兼备的教师队伍

教师的良好职业素质，包括高尚的道德素质、较高的文化知识素质、熟练的技能技巧、高超的管理能力等，是形成良好教风的基础。为此，培养良好教风，首先要从提高教师职业素质做起。要通过各种培训途径，如到教育学院或教师进修学校脱产进修、函授进修，自办短期轮训班，缺什么补什么。要特别重视已完成学历教育任务后的教师的继续教育工作，使他们进一步提高自己。

（二）关心教师，依靠教师，充分发挥教师的积极性

良好教风的形成，主要靠教师的自觉行动，而教师的自觉性、积极性的发挥与领导对教师的态度息息相关。如果学校做到政治上信任，工作上依靠，业务上

重视，生活上关怀，使教师感到自己是学校的主人，工作上无困难烦扰，生活上无后顾之忧，教师就会自觉地严格要求自己，有利于良好教风的形成。

（三）制定有关教师工作的管理制度，对教师严格要求

良好的教风，不是靠一、两次政治说所能奏效的，必须在长期的实践锻炼中，通过严格要求而逐渐养成。这就必须深入学习和贯彻《中小学教师职业道德规范》（以下简称《规范》），要把《规范》的贯彻和落实作为一件大事坚持不懈地抓下去，要把《规范》作为教师行为的准则，作为考核教师的依据。为了形成良好教风，要提出概括性的简明扼要的教风要求，使教师人人皆知，处处体现。如上海敬乐中学提出的"严、实、活、尖"的教学工作要求。"严"，要求做到作风严谨，态度严肃，要求严格；"实"，要求一切从实际出发，实事求是；"活"，要求教学要活，进行启发式教学，使学生生动活泼；"尖"，要求注意发挥学生的个性特点，因材施教，抓好尖子生的培养。上海虹口中学提出"严以治教"的要求，并具体规定教师要"把课备好，把课上好，把作业批好，把课外活动安排好，把各个班级管理好"。

第三节　学风

学风是指学生集体在学习过程中表现出来的治学态度和方法，是学生在长期学习过程中形成的学习习惯、生活习惯、卫生习惯、行为习惯等方面的表现。学风不仅受到校风、教风的影响和制约；反过来，又对校风、教风的形成起促进作用。优良学风像校风、教风一样，对学校教育、教学质量的提高，对学生人格品质的发展和完善，对把学生培养成德、智、体、美、劳全面发展的接班人，都具有重要意义。

一、优良学风的内容

优良学风主要体现在以下几方面：

（一）学用结合、学以致用

学用结合、学以致用指的是学生在学习时能够做到理论联系实际，将所学到的书本知识运用于实践中去。这是学风的关键问题。毛泽东同志在《整顿党的作风》一文中就明确指出，学风的根本问题就是能不能做到理论联系实际。理论联系实际有两方面含义：一是能不能将实际问题，提高到理论高度来认识；二是能

否将所学到的理论用来解决实际问题。对于学生来讲，主要是后者。毛泽东同志针对干部学习，曾指出："不应当把马克思主义的理论当成死的教条。对于马克思主义的理论，要能够精通它、应用它，精通的目的全在于应用。如果你能应用马克思列宁主义的观点，说明一个两个实际问题，那就要受到称赞，就算有了几分成绩。被你说明的东西越多，越普遍，越深刻，你的成绩就越大。"对于学生来讲，也同样适用，不应把我们所学的课程、理论，当成教条，当成框框，只知背诵，不会解决实际问题。学了物理学不会修理家用电器，甚至连电灯线也不敢碰一下；学了数学不会丈量面积、体积；学了语文不会写总结、报告；学了法律常识不懂遵纪守法，这种学习就不会受到称赞，就没有什么成绩。

（二）勤学好问、求异多思

处于跨世纪的青少年一代，担负着实现社会主义现代化建设的宏伟任务。时代要求他们必须焕发精神，努力学习，刻苦钻研，把人类积累的宝贵财富真正学到手，将来成为有用之才。"书山有路勤为径，学海无涯苦作舟"，要想把人类积累起来的丰富知识学到手，不花大气力，不勤学苦读是不可能的。

勤学就要善于付出劳动，表现出顽强的意志。要做到上课专心听讲，一心用在听课上，不被"鸿鹄将至"所分心。要按时、认真完成作业，做到今日事，今日毕。要有计划地阅读教师指定的书籍。

勤学就要多问。"提出问题是解决问题的一半"，只有认真学习、刻苦钻研，才能发现问题、提出问题。只有端正学习目的，才能有所收获。一个班级，上课时或课后，能有多数学生围着教师问这问那，标志着这个班具有勤学好问之风，学习氛围一定是很浓的。教师要欢迎学生多提问题，决不能压制学生。

一个真正树立起优良学风的学生，是不满足于现有书本知识的。不能将只会重复前人的东西，而没有什么创造性的学生称为好学生。因此，着重培养学生的求异思维、创新意识，是一个不可忽视的重要课题。要培养学生求异多思的学风，就要鼓励学生敢于从书本中解放出来，不满足于书本上的现成答案。到实践中走一走，看一看，调查了解，发现问题、独立思考，找出解决问题的新办法。不鹦鹉学舌，不人云亦云，要学会举一反三。要敢于发表与教师及书本上的观点不一致的见解和看法，即使是错了，也不要灰心气馁。要摆脱"说错扣分"的思想羁绊，只有这样，学生才能主动地学习，才能培养出好的学风来。

（三）严谨治学，既精又博

严谨治学，要求学生对所学的东西要精益求精，不得有半点马虎。只要自己尚有怀疑的地方，就不要得过且过，一定要弄个水落石出；只要自己还有不懂之处，就一定要问个明白，决不囫囵吞枣、敷衍塞责。

严谨治学，要求对自己严格要求，一丝不苟，老师提出的问题，要亲自答一答，留的作业要亲自做一做，对于老师或集体制定的规章制度，要严格遵守。

严谨治学就要向自己提出更高的要求。不满足于教学计划、教学大纲所规定的知识，要主动学习更多的知识，掌握更多的技能。在新技术革命时代，对人才培养有两种模式：一是"T"型人才；二是"X"型人才。"T"型人才即既精又博的人才（上边一横代表知识面，下边一竖代表深度）。现代科学的发展催生了很多边缘学科，只具备一门知识的人，越来越受到限制。在中学有的学生偏重文科，对数理化一窍不通；有的偏重理科，对语文、政治弃而不学。不愿学习外语的人也不少，这种现象是极不正常的，是不良学风的表现。我们说需要广博的知识不等于没有重点，不是各科平均发展，而是在诸多门学科中选择自己最感兴趣的学科，深入钻研，向精深发展。在此基础上，还可以钻研两门学科，从两门学科中找出知识交叉点，创造出新的边缘学科体系，使知识有更新，有创造。具有这样能力的人就是创造型人才，也叫"X"型人才。我们要鼓励学生成为这样的人才。

（四）尊师重傅、虚怀若谷

尊师重傅是学生最基本的道德素质，也是一个学生能否进步的关键因素。我国古代就有尊师重傅的光荣传统。《吕氏春秋》中就谈到"古之圣王，未有不尊师者也"，并列举了"十圣人、六贤者"尊师之例。弟子平时见师，肃然敬立如见大宾，"事师如事父"。

尊师重傅不仅能激发教师的爱生之情，调动教师教学的积极性，使学生直接受益，而且对改变社会风尚，兴国兴邦也有重要意义。战国时期的荀况就曾指出："国将兴，必贵师而重傅；贵师而重傅，则法度存；国将衰，必贱师而轻傅，贱师而轻傅，则人有快，人有快则法度坏。"这就是说，只有全社会都重视尊重教师、敬爱师傅，社会制度和法律才会建立起来，国家才能兴旺发达。否则，人心涣散，放纵不羁，社会就会混乱，国家就会走向衰亡。

尊师重傅就是要热爱教师，尊重教师。认真倾听教师的教诲，服从教师的正确指导，完成教师布置的一切任务。

尊师重傅不仅指对学校的教师要尊敬，凡是对自己给予引导和帮助的人都应看作自己的老师，是自己的师傅。"三人行，必有我师焉"，哪怕比自己小，哪怕在很多方面不如自己，但只要人家有比自己高明之处，有可学之点，就应视其为师，认其为傅，就应谦恭有礼、虚心求教，就应予以尊敬。

虚怀若谷就是要不骄不傲，敢于承认自己"一无所知，一无所能"，虚心学习，孜孜以求。只有虚怀若谷，才能诚心认别人为师为傅，做到诚心诚意尊师重傅。只有尊师重傅才能真正学到更多的东西，达到"人所不知，人所不能"之地步。

（五）遵纪守法、举止文明

遵纪守法、举止文明是优良学风的外在表现，也是成为有理想、有道德、有文化、有纪律的"四有"新人的保证。

遵纪守法、举止文明就是要求学生遵守国家的宪法、各种法律法规，自觉维护社会纪律和社会秩序。遵纪守法就是要遵守学校各项规章制度，自觉维护学校纪律；既能自己遵纪守法，又敢于同一切违纪违法现象做斗争。

遵纪守法、举止文明要求青少年具有基本的文明行为习惯，如讲规矩、有礼貌、说话和气、举止文雅，要注意语言美、仪表美和行为美，并敢于批评和纠正粗暴无礼、举止轻浮、开口称爷、满嘴脏话等不雅行为。

二、优良学风的培养

优良学风的培养可从以下几方面入手：

（一）树立远大理想

学生只有真正认识到学习是为了将来成为社会主义建设者和接班人，成为祖国有用之才，才能具有持久的动力，才能勇于克服困难、勤奋学习。只有明白使自己成为德、智、体、美、劳全面发展的人，才能在社会主义建设中发挥更大的作用。不满于一知半解，不囿于眼前分数的高低，就会思维开阔、勇于创新，从能力上提升自己。这是培养优良学风的最根本的途径。

（二）培养良好的班风，形成正确的舆论

良好班风和正确舆论为良好学风的培养创设了条件，良好的学风又能促使良好班风的形成。

第四节　人际关系

人际关系是学校精神文化建设的重要内容，也是搞好精神文化建设的重要条件。研究人际关系对搞好学校文化建设有重要意义。

一、人际关系的概念

人际关系一般是指人与人之间的心理关系。是在一定群体中，在相互交往中所形成的比较稳定而持久的关系，它表现为以下特征：

（一）人际关系以一定的群体为背景

人际关系是以一定的群体为背景的。人际关系不是抽象的：一方面，孤立的个人不会有什么人际关系；另一方面，任何人又都无法直接同整个社会发生联系，只有在群体中，通过群体相互交往，才能建立起一定的关系。假如一个学生离开家庭、学校、亲戚、朋友，他就无人际关系可言，就会成为孤独的个体。

（二）人际关系是相互交往的结果

人际关系与交往是有区别的。交往是一种手段和形式。人际交往有物质交往、精神交往、文化交往等，而人际关系则是在上述各种交往中建立起来的心理关系。

（三）人际关系具有稳定性

人际关系是人与人之间的比较稳定，比较持久的关系，具有稳定和重复起作用的特点。那种偶然的，随遇而迁的心理接触和交往，一般不叫人际关系。

人际关系的形成包括三个因素，即认知、情感和行为。认知是人际关系形成、发展和变化的基础。在活动和交往中，彼此双方在相互作用中必然引起相互间的感知、理解、判断和评价，也就是相互认识，互有看法。只有正确认识他人与他人之间的关系，他人与自己的关系，才能更好地认识自己。这种认识和看法为情感和行为的发生、发展奠定了基础。俗话说，"知之深，则爱之切"，没有无缘无故的爱，也没有无缘无故的恨。当人们认识到维持某种关系的重要性时，就会自觉地克制有损于这种关系发展的各种感情冲动和不应有的行为表现，使人际关系得到调节。

情感因素在人际关系形成中起主导作用，是人际关系发展、变化的动力。比如人对人产生喜爱之感，就会促使彼此多接触、多交往，使人际关系和谐融洽。如果相互憎恨和反感，就会敬而远之，使人际关系淡漠，甚至破裂。

行为成分是双方实际交往的外在表现和结果。一方面表现为个人活动，如通过语言、手势、动作、风度、表情来阐述关系并表达关系的性质。如"恶语伤人""话不投机""外貌吸引""轻浮举止"等。另一方面，是有关人多种行为要素组成的活动。如学习、劳动、游戏、社交等都包含复杂的行为成分。

二、学校良好人际关系的意义

研究学校人际关系，发展学校的良好人际关系具有重要意义：

（一）有助于集体的巩固和发展

良好的学校人际关系有助于广大师生员工联系起来，形成一个团结统一的集体，并使集体得以巩固和发展。

良好的学校人际关系能使全体教职工和学生对学校提出的奋斗目标和工作任务产生认同感；有助于协调教职工和学生的行为，达到密切合作，更好地发挥整体效应；不宜出现"一个和尚挑水吃，两个和尚抬水吃，三个和尚没水吃"的局面。如果，人际关系混乱，尔虞我诈，钩心斗角，离心离德，学校就会成为一盘散沙，难以形成团结、巩固的集体。

（二）既是教育目的又是教育手段

人际关系中体现的团结、彼此尊重、真诚合作等正是德育所要达到的目标。人际关系中体现的尊师爱生，彼此信赖，相互理解为搞好教学创造了良好的气氛，提供了积极的学习条件。如教师对学生尊重热爱的感情，一方面可以调节自身的行为，激发教师对教育事业的忠诚，对本职工作的热爱；另一方面也能调节学生的行为功能，使学生积极主动地学习，有利于提高教学质量。

如果师生间人际关系良好，教师热爱学生，就可以激发学生积极向学之力量，使教育效果提高，即使教师业务水平差些，也可起到弥补作用。反之，教师业务水平虽高，但师生关系不好，那么教学效果也不会好。如果业务水平不高，师生关系又不好，那么，教育效果就差。因此，要特别重视发展良好的师生人际关系。

（三）有利于调动教职工的积极性

良好的人际关系是调动教职工的积极性，更好地发挥个人才能的重要条件。

在学校里如果形成了良好的人际关系，成员间彼此相互信任、相互谅解、相互支持，就可以形成一种气氛，创造一种条件，使每个成员情绪振奋、思想开放，敢于发挥自己的才能，愿意为学校出力献策。反之，彼此嫉恨、互相拆台，在这种环境下，就会感到不安，情绪苦闷、精神紧张，个人的才能也就难以发挥，使学校工作无法进行。

（四）有利于避免和消除组织冲突

良好的学校人际关系有助于排除和避免教职工之间、师生之间、学生与学生之间的矛盾和冲突；有助于协调他们的思想和行为，使他们在思想、情感、态度等方面有更多的一致性、趋同性，从而保障各种信息沟通，更好地完成学校的工作任务。反之，不良的人际关系会给组织带来干扰，使各种关系紧张。"话不投机半句多"，上情不能有效下达，下情不能如实上报，使学校处于瘫痪状态。研究人际关系状态，有助于领导者有效地调整人际关系。

良好的人际关系在学校中具有上述重要意义，因此，研究学校人际关系状态，了解人际关系障碍，分析其原因，找出克服障碍的办法，有利于领导者有的放矢地做好调整人际关系的工作。

三、中小学人际关系的种类及良好人际关系的表现

人际关系的种类有多种划分：如就其形成来分，有正式关系与非正式关系。正式关系如领导者与被领导者、教师与学生等。非正式关系如老乡、朋友、亲属等。按其结构来分有垂直关系和水平关系，如上下级、同级关系。就其关系存在的时间可分为长期性关系和临时关系。长期性关系如父子、师生关系；临时关系如营业员与顾客、列车员与乘客……就其性质来分有平等与不平等关系、和谐与对立关系等。

中小学人际关系虽然也可按上述划分，但为了更好地说明问题，我们仅就学校各种成分之间形成的关系加以说明。

（一）教职工之间的人际关系

教职工之间的人际关系包括领导与教师、教师与教师、领导与学校职工之间的关系。对学生来说，教职工都是教育者，因此必须严格要求自己，以自己的模范行为在学生面前树立起良好的形象。在教育环境下的一切人，都应该是有教养的人。学校这种教育组织的性质，决定了学校领导人与教师职工在权力地位上的等级差距。领导者对教师必须尊重、信任、关心、爱护并全力支持他们的工作，在学生面前不应以领导者的身份指责、批评教师的缺点和错误，降低教师的威信；不应在学生面前对教师直呼其名，或小张、小李的称谓，应叫××老师或××同志。教师对领导者要尊敬、拥护、依赖，不应在学生面前流露出对领导者的不满情绪。这样才能为共同的教育活动创造和谐的气氛。另外，领导与教师

和职工又是干群关系，是领导与被领导的关系、管理与被管理的关系。领导者要敢抓敢管，严格要求，说话算话。教师及职工要服从领导、听从指挥。当然这种听从并不是盲目服从，对错误的指令也不是非照办不可。可通过正当渠道向领导提出批评建议或发挥教职工代表大会的权力参与学校的管理。领导更要虚心听取群众的意见，接受群众的监督。

教师与教师、教师与职工之间应形成相敬如宾的良好人际关系。

（二）教师与学生之间的人际关系

师生人际关系是学校人际关系中最基本的方面。长期以来，我国由于受封建社会专制主义的等级制度、地位权威观的影响，师生关系出现了不平等的特点。教师往往用既定的公式或教条去规范学生，在教育方法上往往是生硬粗暴的管理。这一切与当代平等和自由的文化氛围是不相容的，是极其矛盾的。这种矛盾不解决，便容易产生师生关系障碍，使师生呈现疏远甚至对抗、敌视的状态。为了改变这种状态，必须建立起社会主义的新型的师生人际关系。

社会主义新型的师生人际关系主要表现在三个方面：

1. 民主平等

民主平等的人际关系是在教师指导下形成和建立起来的，它体现了社会主义师生关系的本质。民主平等的师生关系是建立在教师对学生的正确认识基础上的，教师要树立正确的"学生观"。社会主义学校的学生是未来社会主义事业的接班人，是社会的主人，在学校虽然他们年纪还小，还幼稚，但他们是具有丰富的思想感情、独立的人格的人。在教学过程中虽然他们是学生，但与教师一样，都处于主体的地位。"教育者和受教育者是互相依存的两个认识主体，他们之间构成了教学过程中缺一不可的人际关系。"这种"双主体"的地位关系是民主平等的人际关系的基础。

民主平等的人际关系认为师生在政治上、人格上都是平等的。师生"无贵无贱，无长无少，道之所存，师之所存也"。教师必须更多地发挥心理权威的作用，以自己的真知灼见，以高尚的品德，以真诚对待学生来赢得学生对自己的信任，而不是靠行政权威来威胁学生，靠虚伪和假面具来骗取学生对自己的尊重。

2. 尊师爱生

尊师爱生是师生人际关系的具体表现，它体现在教师热爱学生、学生尊敬老师两个方面。教师对学生的爱首先是无私的爱。教师的爱不同于父母对孩子的爱，也不同于夫妻之间的爱，而是超出了人的本能的、无个人之所求的，是人类最伟大的爱。教师对学生的爱是普遍的爱，要爱所有的学生。爱学生，几乎所有老师都能做到，但要爱所有学生，特别是爱"犯了错误的孩子"就不那么容易了。教师必须树立正确的学生观，把所有的学生都看成祖国的未来和希望，即使是犯了错误的孩子，也是"受了病虫害的花朵"，要给予精心护理和调治，而不能舍弃或连根刨掉。教师对学生必须一视同仁，不能有丝毫偏爱之心。教师对学生的爱应是稳定而持久的。不能今天爱这个，明天爱那个；今天顺从教师，听了教师的话，教师就喜欢，明天稍有不从或偶尔犯了点错误，教师就180度大转变，不再爱学生了。

学生要尊敬教师，谦恭有礼，虚心求教。服从教师的正确教导，对教师有意见，可正面提出。尊师与爱生是相辅相成的，只有教师信任、热爱学生，才能赢得学生对教师的热爱与尊重，只有学生对教师尊重，教师才会更加热爱学生。

3. 教学相长

教育、教学工作是师生之间沟通的媒介和桥梁。在教育、教学工作中良好的师生人际关系体现为教学相长。

《礼记·学记》中提道，"学然后知不足，教然后知困。知不足，然后能自反也；知困，然后能自强也。故曰：教学相长也"。这就是说在教学过程中，师生之间可以相互促进。教师的教导，促进了学生的发展；随着学生的发展其会对教师提出新的更高的要求，促使教师不断进德修业，并在向学生学习中取得进步。

教学相长除体现在知识和思想方面相互促进外，还体现在情感方面。教师对学生暗含的"期待"信息，通过各种渠道传给学生，使得学生在情感上得到鼓励；同时，学生对教师的信任和尊敬也会激励教师。这种双向循环增进了师生友情，也是提高教育效果的"酶剂"。

（三）学生与学生之间的人际关系

学生集体不是乌合之众，它具有一定的目标、一定的组织机构。集体成员之间担负着不同的角色，因而形成各种复杂的人际关系。如一个班级中有的担任班长，有的担任学习委员，有的是一般成员，这就需要处理好学生之间的"干群关系"。学生干部要注意发扬民主，尊重他人，多听同学意见，少发号施令；一般成员要服从班干部的领导。为了搞好学生中的干群关系，一方面要注意选拔在同学中威信较高，具有工作能力，"人缘好"的人担任干部；另一方面又要注意适时加强转换。既保持干部的相对稳定，又要注意使全体学生都有锻炼的机会。心理学家认为，一个学生在学校中充当的角色越多样（当过班长、组长……），他和集体的联系就越加紧密，他所接受的教育也就更加丰富。

在集体中还存着非正式小群体。处理好这种关系对学校文化建设也能起到很大作用。如在集体中往往存在着非正式小群体，他们是由志趣相投者自发形成的。这种小群体有的有进步性，在集体的引导和帮助下，能成为集体不可忽视的力量，对搞好集体的人际关系能起到调节作用。也有的小群体拉帮结伙，专和集体闹对立，对集体的发展危害较大，对集体的人际关系起破坏作用。因此，要针对上述不同情况，采取不同的对策，克服和抵制学生之间的不良人际关系，维护良好的学生人际关系。

四、学校良好人际关系的建立与培养

怎样才能建立和培养学校的良好人际关系，充分发挥人际关系的积极作用，这是本节要谈的核心问题。

（一）加强思想教育

人的观点、情感、信念等都在人际关系中起着调节的作用。如果学校领导、教师与学生的理想相同，奋斗目标一致，即所谓志同道合，就容易形成密切的人际关系。思想觉悟高，具有高尚的道德品质，彼此就会求大同存小异，相互谅解，使人际关系融洽。社会主义社会的人际关系是建立在维护无产阶级及广大劳动人民利益基础之上的。绝不是资本主义的那种单纯的利己的人际关系。因此，加强思想教育，提高全体师生的思想品德素质，是搞好人际关系的基础。

（二）提高人际交往水平

交往是人际关系建立和发展的手段。科学合理的交往对形成良好的人际关系有重要作用。

1.增强人际吸引力

所谓人际吸引力又称人际魅力，是个人间在感情方面相互喜欢和亲近的一种现象，是人际关系的一种积极心理状态。要想密切人际关系，就应从增强人际吸引力入手。

人际吸引力的主要条件有：

第一，外貌和内秀。外貌如个人的长相、穿着、仪表、风度会给人留下深刻印象。因此要注意创造外貌的美好形象，以增进人际吸引力。但外貌形象必定是暂时起作用，一旦被人发现你是"外面光，里边糠"、缺乏内涵的人，那别人就会远离你而去。因此，必须注意外貌美与内涵相结合。

第二，邻近吸引。实践证明空间距离越小，越容易接近，接触的机会就多。

因此，要创造条件，增加交往频率，如举办舞会、联谊会、座谈会，提倡多个部门在一个大办公室办公等。

第三，相似吸引或需要互补。凡是通过交往能够彼此获得满足的一切需要，都会影响人际关系。一是需求一致。即彼此在某些方面有相同之处，如有共同的理想、志趣、世界观、人生观、欲望等，彼此就会吸引，关系就更密切，事情就容易办好。二是相似性。即人们若在外貌、年龄、地位、风俗习惯、资历、专业、性格等方面相似，就容易相互吸引，即出现"同窗好友""乡里乡亲""性格相投""观点一致"等吸引效应。三是需要互补。即虽然需要不一致，但交往使双方需要或期望构成互补关系时，也会产生强烈的吸引力。如教师教得好，促进学生学好；学生学得好，促进教师教得好，有利于实现教学相长的师生人际关系。一位数学好，但外语水平差的教师与另一位恰好情况相反的教师，二者为了各自的需要，希望对方帮助自己时，也会产生人际吸引。独立性差的人和独立性强的人在一起，不仅前者有了依靠，后者也有了表现自己的机会。为了发展良好的人际关系，在需要互补上，应强调精神文化需要的满足，不忽视合理的物质需要，但必须反对和抵制不正当的"钱权交易"的庸俗的人际关系。

2. 利用心理效应

了解并巧妙地利用心理效应，对建立良好的人际关系有较大促进作用。

（1）"一家人"效应

把对方看作与自己是同一的，以便增强亲近感的心理效应，称作"一家人"效应。如老乡、同行、同学、同姓、同民族，甚至同样的着装、发式等都可能产生"一家人"效应。我们在平时问话时，经常遇到这种情况，当你知道对方与你是同姓时，你会情不自禁地说出："咱们是一家子。"当你得知对方与你同学校毕业时，你会马上说："咱们还是老同学呢！"某校一位班主任老师第一次与学生见面时，就问学生："咱们班共有多少人？"班级负责人站起来回答说："一共48人。"班主任说："不对。"同学们你看看我，我看看你，并一个一个认真地数起来。学生说："就是48人。"老师笑着说："我们班一共有49人，我也是咱们班的一个成员，咱们是一家人呀！"同学们高兴地笑了，并热烈鼓掌。此时，仿佛班主任与学生之间的关系更加亲近了。为了搞好人际关系，争取使对方把自己看成"一家人"，是很必要的。

（2）威信效应

在对方心目中，树立起崇高威望，是建立良好人际关系的重要条件。一旦威信建立起来，就会产生强大的信任力，甚至是不容置疑的。美国大学心理系为大学生们请来一名教授，向大家介绍说："这是斯密特先生，他是世界著名的化学家，是我们特邀来美国的。"然后，斯密特用德国腔调向学生们讲，他正在研究一种新发现的物质性能，这些物质扩散得快，以致人们刚刚嗅到它，便立即消逝。他说："我要看看哪位同学的嗅觉最灵敏，请同学们只要一闻到气味就马上举起手来。"当教授打开试管后，很快，学生们便一一举起手，没有一个不举。斯密特满意地离开了教室。事后，心理学教授告诉学生，这位斯密特先生就是本校德语教研室的一位教员。所谓具有强烈气味的物质只是普通蒸馏水。为什么学生把无味的蒸馏水"嗅出"气味来进而举手呢？主要的原因是"世界著名的化学家"说的，因而盲目地举起手来。这一事例说明，威信具有强大的效应。为了建立起良好人际关系，注意用自己的行动，建立起崇高威信。

（3）首次印象效应

首次印象也称第一印象。科学研究证明，由于人们有"先入为主"的特点，往往最初印象是深刻的、持久的，对能否建立起良好人际关系起着奠基的作用。因此，第一次见面、第一次谈话、第一次活动，都应精心设计、慎重安排，争取达到"一见如故""一见钟情""听君一席话，胜读十年书"的最佳心理效应。电影《苗苗》中的年轻女班主任苗苗，为了给学生一个好的首次印象，她在和学生见面前，做了充分认真的准备工作，她对本班学生做了详细的了解，并把每个学生的名字一一记住。当她正式和学生见面时，学生对她是陌生的，但她对学生非常熟悉，能从头至尾叫起每一个学生的名字，使学生大为震惊，不仅提高了威信，而且给学生留下了非常美好的"第一印象"，那些想给她出难题的学生，也被慑服了。

（4）期待效应

良好人际关系是和人与人之间的期望和信任有密切联系的。如果领导对教师、教师对学生，不是鄙视，不是嫌弃，而是充满热爱、充满信心，那么，不仅能够促使对方进步，提高工作、学习效率，也会促进彼此良好人际关系的发展。在一定条件下，期待值越大，效果越显著。

期待效应也称罗森塔尔效应。美国心理学家罗森塔尔和他的同事来到美国一所小学，煞有介事地对学生进行发展预测。每班学生随机抽出20%的学生，然后告诉老师说，这些学生智力好，有发展潜力，将来一定会超过其他学生，并嘱咐保密。8个月后，再抽查这些学生，果然成绩都有显著提高，教师评语也好。这就证明了由于教师对这些学生有了"暗含期待"，学生在心理上产生了积极效果，人们把这种由于"期待"而产生的心理反应，称为"期待效应"。

期待效应表现在各个方面。如果一位教师想搞点实验，领导、教研组长、老师都支持他，鼓励他，并期望他成功，那么他就会有信心，有决心搞下去。反之，对他的实验不支持，不信任，泼冷水，那么实验就难以成功。学生中一些后进生，如果对他们充满期望，鼓励他们一定会改好，那么这个学生可能会很快进步；反之，可能破罐破摔，失去改好的信心和决心，从此一蹶不振，更加落后。

（三）研究人际关系反应，掌握人际关系发展趋势

为了发展良好的人际关系，不仅要认识人际关系的意义，还要对人和人之间的关系做出反应。这种反应包括相互之间认识上的了解程度、情感上的爱恶程度、行为上的接近程度。正确了解这种人际关系反应对于领导者的决策是不可缺少的条件。

了解人际关系反应有多种方法，除观察法、谈话法外，下边介绍两种专门方法：

1. 问卷法

问卷法是指调查者事先拟制好一系列问题，让被试者根据问题引发联想，得出结论，将答案写在卷面上，以便了解其人际关系的方法。这些问题包括有关人际关系意义的题目，如"怎样看待人际关系""良好的人际关系有什么作用""你认为什么样的关系属于良好的人际关系""什么样关系是不良的人际关系"……还包括了解人际关系状况的题目，如"学校或班级你最喜欢谁""最不喜欢谁""最愿意和谁接触""遇到困难最愿意找谁"等。还包括了解对某人的看法的题目，可给对象一定数量的假设人物的简短文字画像，然后让学生识别，"这是一个和蔼可亲、心地善良的人""这是大公无私、雷锋式的人""这是恃强凌弱、欺软怕硬的人"等，要对象写出最合乎上述特征的人名。

2. 社会测量法

美国的社会学家和心理学家提出了一种研究小型团体中人际关系和结构状况的方法（伙伴选择法）。

这种方法的步骤：

第一步，以问卷方式向群体提出一些强度标准不同的肯定否定题，如"你最愿意跟谁学习""最赞同谁当班长"，或者提出"最不愿""最不喜欢"等，请被试者在问题后面按自己喜欢或不喜欢的程度依次写上三个人的姓名。

第二步，整理问卷，绘制成靶形图和矩阵图。

第三步，结果分析，肯定题（第一选择）中被选次数最多，处于靶心者，就

是群体中最受欢迎的"人缘儿"；否定题（第二选择）中被选择次数最多的处于靶心者称为最不受欢迎的"嫌弃儿"，其他为中间型。

通过"矩阵图"可看出群体中哪些人是颇受欢迎的人（被选择的次数最多），如5号、33号。哪些人不太受欢迎（被选择的次数最少），如18号、24号。哪些人属于心理相容的非正式小群体（即在肯定题中由于不约而同地互选而在矩阵图中显示出来的方块群）和矛盾对立面（即在否定题中的互选者）。

（四）改善人际沟通

人际沟通是人与人之间的信息交流。人际沟通渠道畅通有助于组织内部的个人之间互相了解，达成统一意见，形成团结合力，便于改善人际关系。

1.人际沟通渠道

人际沟通渠道可分为正式沟通（组织明文规定的渠道如会议、课堂教学、文件下发等）、非正式沟通（如私下交换意见、聊天、小道消息等）；上行沟通（下级向上级汇报情况）、下行沟通（上级向下级布置任务、传递指示等）和平级沟通（如同班、同年级相互传递信息）；单向沟通（如作报告、看文件）和双向沟通（谈话、对话、讨论、书信往来）；语言沟通和非语沟通（手势、表情、动作等）。

2.改善人际沟通渠道的策略

中小学校为了更好地调节人际关系，广泛利用各种沟通渠道是非常必要的，重要的问题是如何改善沟通渠道，使其发挥最佳沟通效应。

其一，要发扬民主，变上下沟通为平行沟通和双向沟通。可使领导、师生处于平等地位，充分表达自己的意见，让大家都有说话的机会。青少年最喜欢谈心和对话的方式，因为该方式能够使人际关系更亲近、更和谐，能够体现民主精神。

其二，发扬口头语言的沟通优势，注意与非语言沟通相结合。用这种形式表达信息灵活、自由、准确。因此，应尽量多用口头语言沟通形式，少用文件、通报等沟通形式。但口头语言沟通也有弊端，如因时间仓促、考虑不周、措辞不当、表达不清，会发生误会，所以必要的书面语言沟通对准确地了解内容是有好处的。

其三，注意非正式沟通渠道的作用。干群之间私下交换意见、谈心、聊天往往容易了解更多的情况，便于领导掌握实际，使关系更密切；师生之间相互切磋、交流看法，更可以增进友谊、加深感情。

第六章　学校管理文化建设

学校管理文化是学校通过治校手段而产生的学校文化。从横的方面来说，根据不同的管理手段划分为行政管理文化、制度管理文化、组织管理文化；从纵的方面来说可划分为校级管理文化、年级管理文化、班级管理文化。学校管理文化是学校文化的重要组成部分，又是学校文化建设的保证，为搞好物质文化、精神文化及个体文化创造了发展的条件。

第一节　学校制度文化

学校制度文化是学校管理文化的核心，明确制度文化的意义、制定制度文化的要求，对搞好学校制度文化有重要作用。

一、学校制度文化的概念和类型

所谓学校制度文化是指领导者期待学校具有的文化，体现为两个方面：一是学校制度本身的文化，二是学校制度文化的功能。制度本身的文化是就学校各种规章制度的科学性、思想性、教育性来说的。只有合理的，富有教育性的规章制度才能形成良好的学校制度文化。所谓学校制度文化的功能是指通过学校各种规章制度的贯彻、实施而产生的文化效应。

学校制度文化的类型：按其制度制定部门的层次来分，有统一型和自立型。统一型的制度文化是指根据国家、社会的期望去形成学校文化，并将这种期望变为强制性的规定。通常以国家正式文件规定下来，即由国家或政府机关颁布的同学校及教育直接有关的所有法律、章程和条例。如《中共中央关于教育体制改革的决定》《中华人民共和国义务教育法》《中华人民共和国教师法》《中小学教师职业道德规范》《中学生日常行为规范》《小学生日常行为规范》等。自立型制度文化是指学校或社团为了保证统一型制度的执行或满足自己文化方面的需要而制定的一些规章制度，如奖惩制度、教室公约、卫生公约、教学常规、实验室常规等。

统一型制度文化体现着一定社会统治阶级对学校的要求，是对该社会接班人的规范和约束，是中小学校遵守的共同的规章制度，而非正式制度文化则只是适应本校或本社团组织的，其他学校或社团不受其约束。因而非正式制度文化往往体现了不同学校的学校文化的特点。在一般情况下，统一型制度文化与自立型制度文化是一致的，后者是前者的补充和保证。但有时自立型制度文化也会与统一型制度文化发生矛盾。如旧社会一些进步学校往往制定一些与统治阶级要求和期待相违背的一些制度要求，以便适应革命的需要。在社会主义制度下也会出现与统一型制度文化不一致的自立型制度文化。这是因为，一方面教育领导部门对实际缺乏深入了解，制定的某些制度不符合某些中小学实际情况，这些学校不得不根据本校实际情况加以补充、修改。另一方面学校成员对国家制定的制度缺乏深入理解，因而在本校制定的制度中出现了不符合统一型制度文化的精神。如某校制定的《小学生守则实施细则》，远远超出小学生所能接受的程度，甚至比中学生守则的要求还要高。

从内容来分有学校行政工作制度（如人事安排制度等），学校思想政治工作制度（如奖惩制度等），教学工作制度（课堂常规、实验室常规等），体育、卫生等制度，后勤管理制度等。

从性质来分有纪律约束型、行为规范型和机械操作型等制度。纪律约束型制度是为保证学校教育、教学秩序，使学校各项工作正常运行而制定的有关制度，如会议制度、考勤制度、岗位责任制度、作息制度、财务制度等。这种类型的制度常有明显的强制性。行为规范型制度旨在规范职工与学生的日常行为、行为习惯。如《教师职业道德规范》《中学生日常行为规范》《小学生日常行为规范》等。机械操作制度型是为保证工作正常进行，如课堂教学常规、劳动操作规程等。

二、学校制度文化的作用

学校制度文化具有重要作用，主要表现为：

（一）学校制度文化是学校整个管理文化中的基础部分，是管理文化的核心

没有规矩，不成方圆，学校中如果没有一套完整合理的规章制度，用以调节人们的认识和行为，使人有章可循，有规可守，是不能保证学校工作的正常秩序的。一所学校起码的作息制度、纪律要求都没有，每个人都各行其是，又怎么能

培养起良好的校风、教风和学风呢？因此，学校制度文化是学校进行科学管理工作所必需的，是管理文化的核心。

（二）学校制度文化是集体活动有效开展的保证

毛泽东同志说："一个集体要有一个章程，一个国家也要有一个章程。"学校是由不同部门、不同人群组成的，他们各有自己的特点、爱好，各有自己的欲望和要求，各有自己的行为习惯，如果没有统一的规章制度，把不同的人统一在一起，谁想搞什么活动，就搞什么，谁想怎样搞就怎样搞，那么集体活动就要受到极大的破坏。只有通过建立健全各种规章制度来统一大家的意志、规范大家的行动，才能使集体活动既生动活泼又井然有序，保证集体活动有效开展。

（三）学校制度文化对完成教育任务、实现教育目的有重要意义

学校规章制度既是学校各项工作开展的保证，又是对师生进行思想品德教育的重要内容。它体现着社会道德观念和是非标准，是全体师生必须遵守的行为规范。深入贯彻、严格执行这些规章制度对培养全校教职工及学生的正确思想观点，树立良好校风、教风与学风都有重要作用；对完成教学任务，提高教育教学质量更有重要意义。

同时，在良好的学校制度文化影响下成长起来的青少年，他们的思想观点、行为习惯，也必然会带到社会上，直接影响着社会风气，对改变不良社会风尚，引导社会成员自觉遵守国家法律和社会秩序必然具有良好的促进作用。

三、建立良好学校制度文化的要求

建立良好的学校制度文化必须从以下两个方面着手：一是制定规章制度的要求；二是实施规章制度的要求。

（一）制定规章制度的要求

规章制度本身是学校制度文化的重要组成部分。规章制度的好坏，以及是否科学、合理，是一所学校学校文化程度高低的标志。它既反映了学校领导的文化素质，也反映了学校科学管理的水平。因此，学校规章制度的设立决不是凭某个人的主观意志随意决定的，在制定规章制度时要符合以下基本要求：

1.制定规章制度要有一定的客观依据，符合科学性

首先，要依据学校教育、教学过程的客观规律。只有当规章制度符合客观规律时，规章制度才能起到积极有效的作用；反之，规章制度就会流于形式，不仅

难于贯彻，甚至会将学校工作引向歧途。比如，全日制中小学必须以教学为主，全面安排好各项教育活动，但一度有学校强行规定学生以生产劳动为主，结果破坏了学校的正常教学秩序，后来又片面强调教学，忽略了生产劳动和其他活动致使学生片面发展。这些制度和要求都是错误的，是违背科学性的。

其次，要依据国家或上级领导部门颁发的政策、法令、条例。学校自己制定的条规、制度要与正式制度相吻合，保证制度的一致性。有的学校为了保证正式制度的贯彻，自己又规定了若干细则，但其中有些条款不符合正式制度的要求，甚至"画蛇添足"，就是错误的了。

再次，要依据教育对象的身心特点和年龄特征。对成人的要求和对学生的要求应有所不同，对小学生、中学生、大学生的要求更不能一样。国家教委颁发的《小学生日常行为规范》《中学生日常行为规范》，在要求上是不同的，就体现了这一特点。

最后，要依据学校的实际情况。我国地广、人多，情况复杂，城市与乡村，沿海开放地区与内陆有很大差别，各学校在制订规章制度时，要根据不同情况，因地制宜。

2. 一切规章制度的建立都必须有益于学生全面发展，富于教育性

学校制定的每一项制度都要有明确的目的性，都要考虑每一条规定对实现学校的总目标起什么作用，会不会顾此失彼，强调了一方，忽略了另一方。比如，有的学校要求小学生上课一律背手挺胸，坚持45分钟，这虽然有助于维持课堂纪律，但容易引起学生的疲劳，不利于学生身心的发展。有的学校为了片面追求升学率取消学生活动时间，甚至作为制度强行要求学生在课外活动时间或晚上到教室补课，这都是违背促进学生全面发展的教育目的要求的。

3. 各种规章制度应要求一致，不互相悖谬

学校自己所定规章制度除了和上级规定要协调一致外，自己各部门、各方面的制度在要求上也要相互配合，相互照应，不允许出现不一致或相互冲突的地方，以免造成混乱，使执行者无所适从。比如，有的学校允许学生休息时可以在宿舍开展娱乐活动，并将此作为衡量学生文娱活动好坏的标准之一；但学生公寓的制度中明文规定，在宿舍内禁止一切娱乐活动，不许弹、拉，违者罚款。又如，学校明确规定要减轻学生负担，一切作业都要在学校完成，而科任教师却留大量的家庭作业，并要求当天完成，学生回家后不得不疲于拼命，去完成所留作业。

（二）实施规章制度的要求

学校制度虽然是学校制度文化的重要组成部分，但学校制度的建立并不等于自然而然形成了学校制度文化。学校制度文化的作用和功能主要体现在学校制度是否被广大师生员工所接受上。也就是说，只有当学校制度这种"外在文化"，转变为全校成员的"内在文化"时，才算真正发挥了学校制度文化的作用。只有当"学校制度本身文化"转变为"素质文化"时，才能真正成为学校制度文化。因此，学校制度的建立只为学校制度文化的形成打下了一定的基础，学校领导决不能满足于各种规章制度的建立，而应把着眼点放在各种规章制度的贯彻和实施上去。为了促使"制度本身文化"向"素质文化"转变，为了更好地发挥学校制度文化的功能，在贯彻实施学校制度时应注意以下要求：

①要加强学校制度意义的宣传，使师生正确理解各项规章制度的内容，以及遵守该制度的意义，以便使制度得到师生的认同，将带有强制性的要求变为师生的自觉行动。

②规章制度的各项条款所有有关人员必须切实遵守，不允许有"特殊"人物。要给学生充分的掌握时间，不可要求在较短时间内掌握全部规章制度。

③实施常规管理、保持基本规章制度的相对稳定性。常规是指在各项管理工作中经过长期实践检验，而沿袭下来的切实可行的规章制度。如课堂常规、教学常规、实验操作常规、学校管理常规等。常规管理的条款要具体明确，便于实施，每一条要有科学的分数指标，要建立常规检查制度和奖惩制度。常规条款要保持相对稳定，不可朝令夕改。

④创设实施规章制度的条件，使规章制度更快更好地落实。如为了贯彻《中学生日常行为规范》，就应动员各种舆论工具，造成宣传攻势，使之人人皆知。不仅学生知道，还应召开家长会，使家长予以配合。为了便于学生记住有关制度要求，可将制度编成"三字歌""顺口溜"，还可编成歌曲等，让学生加深印象，广为传诵。

第二节 学校社团组织文化活动

学校社团组织文化活动是学校管理文化的组成部分，是学校文化建设的重要形式之一，重视和领导好学校社团组织文化活动是十分重要的。

一、学校社团组织文化活动的特点和作用

学校社团组织文化活动是学校师生根据自己的兴趣、爱好和特长，按自愿原则组成的群众组织开展的活动。它是课程文化的延续，是师生自我教育的一种形式。本节着重谈学生社团组织文化活动。

（一）学校社团组织文化活动的特点

学校社团组织文化活动具有与教学活动不同的特点：

1. 自觉性、能动性

从学生在教育活动中的地位来看，学生社团组织文化活动是由学生自己组织起来，根据自己的特点开展的活动，因而活动的主体是学生自己。他们自己充当教育者，自己教育自己，不受学校教学计划、教学大纲和领导意志的控制，因而更具有自觉性和能动性的特点。据有关方面调查："学生不喜欢参加学校文化活动的主要原因占8成以上是觉得学校里由学校、教师组织安排的文化活动过于单调、枯燥，缺乏时代色彩，引不起兴趣。只有2成左右的学生是因为课业太重而不参加学校文化活动。与之相反的是，98%的学生对学校中的自我管理表现出极大的兴趣。"

2. 自愿性、选择性

从活动内容来看，社团组织文化活动完全依据学生意愿和兴趣。它不像教学活动或学校统一组织的活动那样具有一定的约束、强制力，不管学生是否愿意，有无兴趣，都必须参加。因而它是变他人指向为自我取向的，具有自愿性和选择性特点的文化活动。现在多数学生，对一些自行组织、自我娱乐、不受学校老师控制、能体现自我价值并显示个人才能特长的活动，如卡拉OK演唱会、生日晚会等非正式群体的活动表现出浓厚的兴趣。

3. 独立性、自主性

从活动方法来看，社团组织文化活动在很大程度上摆脱了学校教育传统的外部灌输法，而由学生独立自主地安排活动。从计划的确定到角色的安排，从活动

的准备到实际操作，完全由学生自己设计，自己动手，学生在欢乐愉快的活动中，主动接受教育。

4.伸缩性、灵活性

从组织形式来看，社团组织文化活动摆脱了传统教学僵化模式的约束，学生根据自己的特点、爱好选择活动形式。教学活动或学校统一组织的活动由于人多，情况复杂，很难照顾学生的特点与爱好，因而活动形式往往是统一的，甚至是固定不变的形式，不利于学生个性的发展。社团组织文化活动的规模大小、时间长短、活动方式，完全可以根据实际情况加以确定。

（二）学校社团组织文化活动的作用

开展社团组织文化活动，是对传统教育的重大改革，对培养开拓型、创造型人才，促使学生德、智、体、美、劳全面发展具有重要意义。

1.开展社团组织文化活动，是对传统教育的重大改革

传统教育模式以教材为中心，以课堂教学为中心，以老师的传授为中心，很难使学生及早地接触当代科学领域的重大课题，获取科学技术方面的最新信息；很难及早地发现真正的优秀人才，并使他们得到卓有成效的培养；也很难充分地实施因材施教的原则，使每个学生的聪明才智得到充分发展。随着时代的向前推移，这种传统教育方式的弊端越来越明显，越来越难以实现培养具有真才实学的现代化人才的愿望。因此，必须开辟新的教育途径，探寻新的教育渠道，改革传统教育。开展社团组织文化活动就是对传统教育的重大改革。

2.有益于培养开拓型、创造型人才

我国教育面临着新技术革命带来的挑战。教育要面向现代化、面向世界、面向未来，为国家培养数以千万计的能够坚持社会主义方向，具有开拓精神和创造精神的各级各类人才，这是摆在教育工作者面前的神圣任务。只靠课堂教学这种单一的活动是难以完成这一任务的。社团组织文化活动不但能在学生个性发展上起特殊的作用，而且可以使学生深刻认识自己的价值，激发自己的个性潜能，并能满足其交际、结友的需要，培养良好的个性品质。

3.可以促进学生德、智、体、美、劳等方面全面发展

学生社团组织文化活动是教学活动的补充。这种活动可以使学生走出课堂、接触社会、参与社会生活，还有助于培养爱国主义、集体主义精神，树立正确的世界观、人生观。各种文化活动能开阔学生视野、发展学生智力，培养学

生独立活动的能力；还能提高学生的身体素质、艺术才能，培养劳动技能和习惯。总之，通过社团组织文化活动可以倡导一定的文化观念，营造特有的学校精神和学校风气，达到单凭课堂教学所难以达到的对学生进行全面培养的教育效果。

二、学校社团组织文化活动的类型

学校社团组织文化活动种类很多，归纳起来有以下四类：

（一）文化艺术活动

文化艺术活动主要是培养学生的审美能力和艺术才能。中小学可建立"红领巾"歌咏队、乐器组、儿童剧团、舞蹈队，开展文学作品、电影、美术作品、摄影作品的欣赏、评论活动。

（二）科学技术活动

科技技术活动可以培养学生学科学、爱科学、用科学的习惯，帮助其了解当代科学技术最新信息，培养创造精神。科技活动包括马列著作、毛泽东著作研究活动，社会问题研究活动等。还包括参观科技展览、访问科学家、野外考察等活动。

（三）体育活动

体育活动是社团组织文化活动中最为普遍、最为广泛的活动。体育活动可以增强体质、锻炼意志，并能及早发现并培养有体育专长的人才。可成立各种球队、体操队、武术队、气功小组、棋类小组，开展远足、旅游、体育比赛等活动。

（四）社会公益活动

社会公益活动是促进学生接触社会、了解社会、服务社会的一种活动。其主要活动方式有社会调查、访问，帮助孤寡老人和残疾人，维护交通秩序，参加植树、环保等公益活动。

三、开展社团组织文化活动的要求

由于社团组织文化活动是学生自愿组织起来的活动，并对学校文化建设起着重要作用，所以重视对社团组织的指导与帮助，就显得非常重要。

（一）明确目的、加强管理

任何社团组织文化活动，都有教育性。这种教育性有时体现为正效应，有时体现为负效应。正效应有利于学生德、智、体全面发展，负效应有损于学生德、智、体全面发展。同样，社团组织文化活动如果内容不同，效果就不一样。唱什么歌，跳什么舞，演什么戏，写什么文章，都存在着内容健康与否的问题。因此，学校领导和老师对社团组织文化活动，必须予以高度重视，将其纳入学校整个工作计划和管理日程中去。要明确开展社团组织文化活动的目的意义，要使每一个学生懂得社团组织文化活动虽然是自愿参加，自主活动，但不等于放任自流。开展的活动要符合四项基本原则，有利于学生成为有理想、有道德、有文化、有纪律的"四有"人才。绝不能让社团变成资产阶级自由化泛滥的场所，成为资产阶级的"裴多菲俱乐部"。

对社团组织应抱着一要鼓励、支持，二要引导、帮助的态度。鼓励支持学生创造性地开展活动，不要泼冷水，更不要消极限制，这也不对，那也不行。对社团组织中出现的不健康因素或逆反性"小群体"，要深入了解，不要轻易扣上"小圈子""不正当"的帽子，强令解散。要一分为二地看待他们的活动，分清哪些是有利方面，哪些是不利方面。对积极的、合理的方面予以肯定、支持；对消极的不合理的方面要耐心帮助，因势利导。例如，某中学一个班级有"六大金刚"，经常不参加班集体活动，影响了班级的纪律。有一次学校开展小发明、小创造竞赛活动，"六大金刚"突然推出一项成果——遥控航模，被评为一等奖，为这个班争得了荣誉。原来这"六大金刚"早就对航模感兴趣，经常凑在一起进行研究，因为怕搞不好，被大家笑话，总是背着集体悄悄进行。这件事对老师和同学的影响很大。他们表扬了"六大金刚"，检讨了过去对他们的错误看法，也指出了他们的缺点，并引导他们从"地下"转入"地上"，成为班级正式的社团组织——摇控航模研究组，还与物理教研组联系，聘请在这方面有研究的老师担任他们的辅导员。

（二）要真正体现社团组织文化活动的特点，发挥其优越性

社团组织文化活动能发挥出课堂教学和学校统一组织的活动所不能发挥的作用，因此，在开展社团组织文化活动时决不能抹杀其特点，不顾学生自己的兴趣、爱好，强行让学生参加他们自己不愿参加的某些课外活动，更不应将社团组织文化活动纳入正式课程，要求学生必须参加。

（三）开展丰富多彩的活动，为社团组织文化活动创设发展的条件

社团组织建立起来，并开展活动，这只是基础性工作。要想真正使社团组织能够巩固和发展起来，学校还必须组织丰富多彩的活动，提供展示成果的机会，使良好的社团组织文化活动得到发扬、传播，影响更多的学生。为此，学校可举

办科技成果展览会、文艺会演、体育运动会，以及文化节、艺术节、读书节、讲演会等。学校还应与有关单位联系，将各社团组织的创作成果推广出去，向有关方面推荐好的作品，以及涌现出来的具有特长的人才。

第三节　班级文化建设

班级文化是学校文化的基础，发展充实学校文化必须从建设班级文化做起。

一、班级文化建设的意义

班级是组成学校的基本单位。它是由教师和学生群体共同组成的经过相互作用而实现其教育目的的社会体系。之所以称为社会体系，是因为它符合美国社会学家帕森斯提出的关于社会体系的特点：①由2人及2人以上组成，并相互交往、相互作用；②他们都处于同一环境或同一情境中；③具有共同的目标导向。

班级文化是通过班级活动所呈现出来的共同价值观念与行为准则以及与此相适应的物质和精神环境的总和。班级文化规模虽小，但是一个丰富多彩的文化世界，是整个社会体系的缩影。一方面，它要不断地吸取整个社会的文化信息；另一方面，班级的师生通过相互作用，在教育教学活动中创造着自己的文化形态。它既受社会文化的宏观控制，又受学校文化的指导和影响。因而，班级文化是多元文化的交汇处。它蕴藏着丰富的时代信息，具有不可低估的教育力量。要想发展良好的学校文化，必须重视班级文化建设。只有从班级文化抓起，把一个个班级文化建设起来，并真正发挥其作用，良好的学校文化才会很好地建设起来。抓好班级文化建设，是搞好学校文化建设的关键。

二、班级文化建设的内容与要求

为了建设良好的班级文化，必须抓好下述几项工作：

（一）全面开设显性课程，改革课堂教学模式

显性课程文化知识，是根据教学计划所列课程，通过课堂教学向学生传授的文化知识。凡是教学计划规定的课程都应保质、保量按时上好。班主任和科任教师不得随意删减课程及教学大纲所规定的课程内容。既不能根据学生的主观意志想学什么课程就学什么课程，也不能根据升学考试的需要，随意选学有关课程。为了培养学生，使其适应现代科学高度分化与高度综合的发展趋势，

还应在完成教学计划规定的课程之外，由学生自愿选学一些课程。加强理论与实践的联系，增强课程的生产性和实用性，促进普通教育职业化和职业教育普通化的实现。

为了使学生全面发展，不仅要传播知识，还要注意发展智力，培养创造能力，这就需要改进教学方法，利用现代化教学手段。现代教学方法和现代科学技术为班级课堂教学改革和发展开辟了新的途径。要将录音、录像、电子计算机等现代化手段引进课堂，要改变传统的注入式教学模式，冲破狭隘的教师讲、学生听的教学方法。充分发掘和调控课堂"社会情境"中的教育因素及教育功能，广泛运用集体性教学活动，如师生谈话、集体讨论、小组学习等，形成积极的、创造性的学习氛围。

（二）了解班级状况，确立班级文化发展水平指标系统，建立良好班集体

班集体是班级文化的载体。良好的班集体既是良好班级文化的基础又是良好班级文化的结果。建设良好的班级文化，必须首先建立起强有力的团结向上的班集体。为此，就要对班级状况进行了解。针对班级状况对学生进行教育。对学生深入了解：一是对学生个人的了解；二是对学生群体的了解。对学生个人的了解主要从他们的经历、身体状况、生活环境、家庭情况、行为表现入手，了解他们的思想意识、学习情况、道德行为、生活习惯等。对学生群体的了解包括班级总的概况、人际关系情况，完成教育教学任务的情况等。在了解的基础上，对其加以分析、研究、做出评价。下面着重介绍两种了解分析班级状况的方法。

1.我国教育社会学家鲁洁提出的测量班级社会功能发展水平的指标体系

测量班级社会功能发展水平的指标体系是按一定程序组织起来的系统，可以全面标示班级的社会因素、结构、功能等各个侧面的特征与动态，可以揭示班级的过去与现在的联系，表明班级的发展过程轨迹。这一指标体系是制定班级建设规划的基础，也是预测班级发展趋势的工具。

评价班级社会功能的指标一般包括：

第一，班级履行基本社会职能的水平。判断这方面的发展水平，一般采用将输入（教学目标、课程等）和输出（班级教育质量及成员的身心发展水平等）两组参数相比较的方法。入学率、合格率、优秀率、毕业率、教育质量、教学效率等，均是用来描述这方面的主要指标。

第二，班级符合、维护社会规范的水平。鉴定这方面的发展水平，一般是考察班级组织的政治气氛、人际关系结构，多数人的共同行为模式，多数人的态度，班风及纪律性等项目。

第三，班级系统的稳定性与适应性水平。这方面指标的最优状态是班级与整个社会政治、经济、科技和文化的发展趋于一致。既能接受社会的积极影响，又能抵制社会的消极影响。

第四，班级保证和促进每一个成员个性全面充分自由发展的程度。

2. 测量班级群体发展水平的指标体系

根据群体等级和层次来判断班级发展水平是当代教育学和班级文化学利用社会心理学研究成果的一种有效方法。苏联心理学家彼得罗夫斯基在这方面做了不少研究，他把群体发展水平分成下列四种：松散团体——存在人与人之间的关系，但不以团体的活动内容为中介；联合体——人与人之间的关系是以对每个成员具有个别意义的团体活动的内容为中介的；社团——人与人之间的关系是以对个人有意义的，而并非有社会意义的团体活动内容为中介的；集体——人与人之间的关系是以对个人有意义，对社会有价值的团体活动的内容为中介的。

我国一些教育家在这方面也有研究，他们把班集体的形成分为三个阶段：

第一，松散群体阶段。这个阶段的特征是彼此互不了解，没有共同的目的、活动，没有领导核心。这个阶段只能是由老师或班主任向群体提出明确的"不许反对"的要求，作为团结群体的必要手段。这时的主要矛盾是集体利益与个人利益的矛盾。

第二，合作群体阶段。这个阶段已经有了共同的活动目的和内容，集体领导核心已经形成，并能向群体提出要求，群体本身已成为对学生进行教育的工具。初步建立起良好的舆论和班风，知道维护自己班级的荣誉，其主要矛盾是平行集体之间的矛盾。

第三，集体阶段，是群体发展的高级阶段。这个阶段，集体中的成员真正成了集体的主人，能根据班集体的要求自觉地严格要求自己。稳定的团结互助的人际关系已经形成。这时主要矛盾已变成现实利益和长远利益的矛盾，人们已有的一般活动动机同具有较高道德价值活动之间的矛盾。

班主任和教师可根据上述不同阶段、层次的特征，来确定班级发展状况和发展水平，再根据不同发展水平采取不同的教育对策，并抓住时机适时地将班集体由低级向高一级转化，促使良好集体早日形成并向前发展。

（三）开展丰富多彩的活动，促进良好班风的形成

班风是一个班级比较稳定、持久的作风。它是班级文化的集中体现。良好的班风既是良好校风在一个班级的反映，又是班级特有作风的表现形式，是班集体形成的综合标志。

良好的班风既是集体形成、发展的结果，又是集体发展的动力。它无形地支配着全班成员的行为，美化集体的生活，培养集体成员的荣誉感、自豪感，起着潜移默化的教育作用。

培养良好的班风除遵守培养良好校风有关要求外，特别要注意结合本班特色，开展丰富多彩的活动。因为班风的体现则要依靠正确的行为，而正确的行为是在具体活动和练习中形成的。活动是集体的生命，是班风形成的手段。班级活动是多种多样的。有的人把它分为教育性、主题性、节日性、即时性、知识性、自主性等类型，有的人则将其分为班会型、游艺型、服务型、考察型、系列型、点题型等类型。现择其主要的几种介绍：

1. 季节性班级活动

如春天举行的游春、找春、迎春活动；夏天举行的游泳比赛、夏令营活动；秋天举办的"丰收"支农活动、登山活动；冬天举办的"冬令营"活动。还可按民俗节日、纪念日开展活动，如"五一"进行"热爱劳动"的教育活动，"六一"进行"做社会主义小主人"的立志教育活动，等等。

2. 主题性班级活动

根据形势的需要，针对班上实际情况，围绕一件事、一个中心，旨在培养一种道德品质而举行的活动。如"日常行为规范在我心中""雷锋叔叔在我心中"等主题活动。还可举办主题系列班会。比如围绕"成就大事要从小事做起""千里之行始于足下"这一主题，可设计"从一做起"的主题系列班会。也可举办"我为班级献一计"演讲会、"做了一件让大家高兴的事"汇报会"一分耕耘一会收获"经验交流会等。

3. 模拟式班级活动

根据社会和班集体在一定时期的教育要求，举办通过设计、模仿某种具体生动的情境，让学生从中受到启迪的教育活动。如设置"少年法庭""道德门诊""小邮局""小银行"等。

4.实践性班级活动

组织学生走出校门，接触社会，了解社会的活动形式。如开展社会考察、咨询服务、维护交通秩序等活动。

5.即兴性班级活动

针对班级具有突出意义的偶发事件组织相应的活动。如针对班级出现的早恋现象举办"友谊与爱情"讨论会；针对大手大脚花钱的现象举办"父母的钱来之不易"讲演会；针对崇洋媚外现象举办方志敏烈士遗著《可爱的中国》读书会等。

6.事业性班级活动

也叫"阵地式"班级活动。这是有专门的阵地和专门的组织形式并固定不变的活动。如从宣传方面说，有板报、壁报、图书角、英雄角、光荣薄等；从学习方面说，有生物角、实验园地、兴趣小组、班级周报（每人每周主办一期专刊）；从集体福利来说，有小银行、服务角、修理小组等。

根据本班实际情况，树立具有本班特点的班风，不要千篇一律，一个模式。有的班级学习氛围浓厚，学生上课专心听讲、积极发言，形成了"遵守纪律、勤奋学习"的班风；有的班级科技活动搞得好，在各项比赛中成绩突出，形成了"主动学习、勇于创新"的班风；有的班级文艺体育活跃，形成了"生动活泼、积极锻炼"的班风。

（四）优化教室环境

教室环境优化包括班级组织形式的科学化、物质环境的完善化、教室座位安排的合理化以及环境布置的美化等。

1.班级组织形式的科学化

传统的按年龄编班的班级组织形式已有多年的历史，积累了丰富的经验，对培养社会主义建设人才起了很好的作用。但实践也证明，这种班级组织形式也存在着不可忽视的弊端。当代学校班级中出现了差生增多，问题儿童低龄化等教育病，一个重要原因就是这种班级组织形式不能很好地同儿童的兴趣、能力等个性差异相适应。这就向我们提出一个问题，如何使班级组织科学化。解决这个问题的基本方向是使垂直班级组织形式（指儿童从入学到毕业随着学习进展而渐次升级）与水平班级组织形式（根据不同爱好，不同发展水平编班）相结合，避免使班级教学固定化、长期化，从而使青少年的学习与教师的因材施教得以最优化地发展。科技的迅猛发展，教学技术手段的现代化，必然引起班级组织形式的变革。苏联试行的按能力分组教学、日本的小队教学、瑞典彻底的"学习个性化"等，都是试图探索如何把学习者分成若干不同类型和程度的学习集体，以适应儿童个性的发展，更好地发挥教师的指导作用。但是，从各国实验情况看，按能力分班其效果呈现出不同趋势，对一般学生来说"成绩只略有增长"，对优等生来说"成绩增长效果非常明显"，而对中等或中下等学生来说，"成绩增长"效果趋近于"零"。因此，在进行班级组织形式变革的试验上要慎重，不要盲目推行自己没有把握的别人的一些做法，以免造成不应有的损失。

2. 物质环境的完善化

班级具有教室、桌椅、教具及其他必需品，这些东西构成了班级的物质环境。充分的、完善化的物质环境为创设班级的良好文化提供了条件。难以设想，一些学校在还没有完全解决"一无两有"（无危房，有教室、有课桌椅）问题，基本的教学用品如粉笔、教案纸等都奇缺的情况下，能很好地开展教育、教学活动，提高学生素质。各个学校必须采取有力措施，为学生创设最基本的学习物质环境，保证教育、教学的正常进行。

3. 教室座位安排的合理化

我们传统的教室座位安排一直采用的是"常规的成行安排"，它有以下优点：首先，便于教师讲课，教师在教室走动时可以对靠边就座的学生进行指导；其次，可以约束学生的行为，使之集中精力，认真听课；最后，学生直视前方，对视力有好处。但这种安排不利于学生进行讨论、交换意见。因此，又提出环行的座位安排。这种结构的优点：第一，便于学生对视与进行非语言交流，对非智力素质的培养起重要作用；第二，便于面对面交谈，有利于对问题进行深入理解。因此，教师应根据实际情况，合理安排座位。

4. 环境布置的美化

教室四壁的环境布置要有利于振奋学生精神，既不要花花绿绿、五彩缤纷，也不要毫无布置，光秃一片。正面墙上，黑板上方应按国家教委通知精神，悬挂马、恩、列、斯及毛主席的画像，张贴体现本班精神的班训。两边墙上应有名人肖像或名人名言、语录。写出的字要美观、规范。遗憾的是有的学校教室中写出的字不是错误百出，就是龙飞凤舞、难以辨认，甚至一个学期过后，班上的学生还不知道写的是什么。墙上还应张贴中国和世界地图。

教室要做到窗明几净、环境优雅，讲桌和窗台上应有花盆，花盆要有专人轮流养护，保持常绿常新。不允许在教室内乱打乱闹、乱喊乱叫、随地吐痰、抛扔纸屑。

第七章 学校个体文化建设

个体是学校文化活动的基本要素，是学校文化活动的创造者与实践者。他们的创造与实践推动了学校文化的发展，他们是学校文化活动中起决定作用的要素。学校只有充分调动他们的积极性，充分发掘他们蕴藏着的潜能，不断发展他们的文化素质，才能促进学校文化建设的发展。因此，个体的发展、个体文化素质的提高，是学校文化建设的基础和动力。同时，学校个体文化建设也有它自身的特点，这是由学校教育的本质所决定的，即它要提高教育者的个体文化素质，促使他们充分开展实践活动；也要提高受教育者的个体文化素质，促使他们积极主动地参加到教育者组织的学校文化活动中去，成为积极接受教育影响的主体。

第一节 个体文化与学校文化

在学校文化建设中，个体与学校文化是相互作用的。个体在发展过程中，不断对学校文化建设的发展速度和规模、形式和内容提出新的要求，促使学校文化不断改革与创新。另外，学校文化建设的发展又为个体文化建设创造了良好的条件，提供了广阔的发展天地，促进了个体文化的发展。

一、个体文化的基本问题

什么是个体文化？如何正确理解个体文化？

（一）个体文化的含义

个体文化是社会文化的重要组成部分，社会文化的形成与发展正是个体长期社会实践的结晶。它是一个单个的文化存在方式，同时又是一个与学校文化互相作用的观念的总体。马克思说："人是一个特殊的个体，并且正是他的特殊性使他成为一个个体，成为一个现实的、单个的社会存在物，同样地他也是总体、观念的总体、被思考和被感知的社会的自为的主体存在，正如他在现实中既作为对社会存在的直观和现实感受而存在，又作为人的生命表现的总体而存在一样。"据此而论，个体文化应包含两种意义：

1. 个体文化是一种具有个性色彩的文化存在方式

个体文化是个体生理、心理活动特点的整体反映。从生理特点上看，个体高级神经系统的活动规律、内分泌系统的活动规律、性别差异等因素构成了个体文化活动特点的生理基础。从心理特点上分析，个性心理特点制约着个体文化的发展水平，它包括由需要、动机、兴趣、理想、信念和世界观等因素构成的个性倾向性；由性格、气质等因素构成的个性差异；由智力、能力等因素构成的认知方式等。它们构成了一个综合作用的整体，形成了个体文化发展的内在制约机制。在一定的生理、心理特点的整合作用下，个体在一定的社会实践中形成了具有各种不同色彩的文化存在方式。

2. 个体文化也是一个与周围环境互相作用的观念的总体

文化人类学家认为，自婴儿一出生就被置于无处不在的文化影响之中。它们中有一些是直接的、清晰的，比如教给孩子一些具体的行为规则、礼仪规范。但伴随着这种学习的还有一种并不直接并不清晰的影响，这种影响是通过无意识的模仿，他人无意中的微妙暗示形成的。所有这些构成了个体对周围世界的态度。另外，个体的社会实践并不仅仅是消极被动地接受各种形式的文化的影响。在文化影响下成长的个体，又以自己的特性、主观能动性改进和创造着周围世界。因此，个体的"成熟在很大程度上是由于与文化的相互作用"，以及在相互作用的过程中形成的观念总体。

从这个意义上说，个体文化是一种具有个性色彩的文化存在方式，是与环境文化相互作用的观念的总体。

（二）学校个体成员

学校个体文化是一种特殊形式的学校文化，是在学校的特殊文化环境中形成的具有个性色彩的文化存在方式，以及与学校文化相互作用的观念的总体。

学校个体成员（以下简称"学校个体"）由教职工和学生两类不同的群体所组成，可概括为以下几种类型：

1. 组织领导型

他们兴趣广泛、才华横溢、多才多艺、成绩显著（或是工作，或是学习），有理想，有抱负，政治信念明确而坚定，为人正派、责任感强、社会活动组织能力强。他们在学校文化建设中往往是具体活动的带头人和组织者。

2.品德优良型

他们是学校中思想品德方面的优秀人物。他们的先进事迹、模范行为给学校其他成员树立了良好的榜样。这种榜样的力量在学校文化建设中起到了一种积极的促进作用，是创造优良学校文化氛围的重要因素。

3.发明创造型

他们具有发明创造的才能，具有创造性地建设学校文化的素质。他们在学校文化建设中发挥的作用非常重要，是促使学校文化积极创新的骨干力量。学校应鼓励和提倡创造性地建设学校，培养学校成员的发明创造才能，发掘具有发明创造素质的"能人"，扩大他们的队伍，提高他们的发明创造水平。

4."艺术家"型

他们在音乐、舞蹈、美术等艺术领域中造诣较深。在学校文化建设中，"艺术家"们的活动能够极大地丰富学校文化生活。学校应把他们培养成学校文化建设中的积极分子。

5."运动员"型

他们爱好体育活动，具有一定的体育特长。他们热衷于一种动态的活动境界，热心于社会活动，热心于学校文化活动。

6.学术和劳动技术专长型

学术专长型个体在文学、数学、物理、化学等学术领域中具有相当水平，能够组织某一学科领域的学校文化活动。劳动技术专长型个体则具有某种劳动技术专长，能够组织该领域的学校文化活动。

7.其他爱好型

他们具有集邮、钓鱼、养花等个人爱好。这些个人爱好扩大了他们的知识面，丰富了他们的生活情趣，从而也提高了他们的文化修养层次。他们的个人爱好在学校文化生活中可以起到锦上添花的作用。

上述学校个体有其独立的特点，但也不是一成不变的，在一定的文化潮流和文化氛围的影响下，学校个体成员的文化观念和活动方式也将随着产生相应的变化。并且，许多学校个体成员在几种特点上兼而有之。

二、个体文化与学校文化的关系

个体文化与学校文化是部分与整体的关系，它们之间是相辅相成的，其关系具体如下：

（一）学校个体文化的发展是学校文化建设的基本动力

如前所述，学校个体文化既是具有个性色彩的文化存在方式，又是与学校文化相互作用的观念的总体。在与学校文化相互作用的过程中，学校个体面临着以下三方面问题：

1. 如何建构个体文化价值观

学校个体在学校文化整体效应的影响下，通过思维、理解、体验、联想、想象等自我调节的心理活动过程，形成了个体的文化价值意向。"这个过程是文化世界的价值和意义与人的心理生物机制的特殊需要的'天然'契合。"在学校文化环境中，这种"契合"是在学校个体成员的生理、心理内在机制与学校文化的价值和意义的矛盾中形成的。也就是说，个体要通过自己的思维、理解、体验、联想、想象等自我调节的心理活动过程，认同各种学校文化活动的价值，并把自己的文化价值观归属在某一层次和范畴之中，形成个体的具有独特色彩的文化价值观。这是一个外在的学校文化价值的影响与个体文化价值观吸收和排除的矛盾运动。这个矛盾使学校个体成员面临着一个如何建构个体文化价值观的问题。

2. 如何提高学校个体的文化鉴别能力

学校个体也是社会的成员，他们生活在一定社会的文化环境中，社会文化渗透在他们生活与发展的各层次，从各方面影响着他们。他们必须对来自社会、家庭、学校的形形色色的文化现象做出正确判断，决定取舍，这就需要一定的文化鉴别能力。但是，在学校个体文化鉴别能力的现有水平上，提高他们的文化鉴别能力，需要经过一系列外部要求与他们生理、心理的内在活动机制的矛盾运动，即个体有没有能力鉴别各种学校文化现象，个体的文化鉴别能力能否适应不断发展变化的学校文化环境，个体的文化鉴别能力能否促进学校文化的发展。因此，只有解决了个体文化鉴别能力的问题，才能更好地促进学校文化的发展。并且，个体的文化鉴别能力是建立在个体文化价值观基础上的，而个体文化鉴别能力的提高又能促进个体文化价值观的成熟。

3. 如何调整个体文化存在方式

学校个体在具有个性色彩的文化存在方式上，也面临着调整不适应的内在活动机制、改进文化存在方式等问题。这些问题是在个体的文化价值观不断成熟、文化鉴别能力不断提高、文化活动能力不断发展，以及不断适应学校文化建设的新形势和新要求的条件下产生的。学校文化要求个体适应它的发展趋势和发展特点，要求个体调整和改进原有的文化存在方式。

上述矛盾问题的产生与解决，反映了学校个体文化的发展水平，同时，这个矛盾运动的过程推动了学校文化建设的发展，因此也就构成了学校文化建设的基本动力。

（二）学校文化建设必须为促进个体发展提供充分的条件

只有针对学校个体提出相应的发展要求，才能更好地化解他们在文化环境中面临的矛盾，促使学校文化建设的基本动力沿着正确的轨道顺利发展。

首先，针对如何建构个体文化价值观的问题，学校文化建设应当统一规划，创造协调统一的优良文化氛围，为个体建构科学的文化价值观提出要求，创造条件。学校要对自身的物质文化、精神文化、管理文化、个体文化以及其他层次的文化要素，做出协调统一的合理安排，为个体建构科学的文化价值观创造一个立体化的学校文化氛围，既要有能产生直接影响的具有外显特征的文化形式；也要很巧妙地创设一些具有内隐特征的学校隐型文化，通过潜移默化、耳濡目染的手段影响、感染学校的个体，促进他们建立科学的文化价值观；同时，还应针对如何建构个体文化价值观的问题展开讨论，根据具体情况提出一定的要求，帮助指导学校个体建立科学的文化价值观。

其次，针对如何提高文化鉴别能力的矛盾，学校应建立和完善学校文化的导向机制，通过研究、评价、反馈等导向机制的作用，不断提高学校个体成员的文化鉴别能力和文化修养层次，帮助个体学会正确分析鉴赏人类文化的方法，促使他们养成从事良好文化活动的习惯，让他们从活动的本质特点上深刻体会良好学校文化对自身发展的促进作用，从而增强他们抵制腐朽落后文化的能力。学校还应通过良好的校风校貌、积极上进的学校舆论，促使个体在文化的选择与适从方面形成积极的从众心态。另外，对于危害学校个体身心健康的黄、赌、毒等性质的"文化垃圾"，学校必须采取有效措施，予以坚决禁止，并且也必须提高他们对这类"文化垃圾"的识别能力和抵制能力。

最后，针对如何调整个体文化存在方式的问题，要开展多种层次、形式多样的学校文化活动，要让各种类型的学校个体都能找到适合自己个性特点的活动方式。同时，要在他们原有文化存在方式的基础上，根据他们兴趣和需要的扩展，不断提出促进他们往更高层次发展的新要求，促使学校个体不断丰富自己从事文化活动的形式，丰富自己的文化内涵，把个体的文化发展结构调整到最佳状态。

（三）个体文化要服从学校文化建设的整体发展要求

丰富多彩、形式多样的学校个体文化反映了学校文化的发展水平，也极大地促进了学校文化的发展。但是，学校个体文化必须统一在学校文化的整体规划之中，必须服从学校文化建设的整体发展要求。

根据学校的性质，学校个体文化应当是学校整体文化的有机组成部分。学校要深入细致地了解学校个体文化的发展状况，认真分析具体情况，研究制订可行性的方案。另外，学校个体文化的发展，以及各种形式的活动，都应在学校文化整体规划的要求下，有条不紊、井然有序地进行。学校个体文化还必须符合学校制度文化的要求，受到学校制度文化的约束，在学校制度文化允许的范围内开展各项活动。如必须遵守学校正常的教学秩序，学校的个体文化活动不得以任何理由干扰正常的教学秩序；必须遵守学校的作息制度，各种形式的个体文化活动不能影响自己和他人的正常休息，以致影响教师教学工作的效果和学生课堂学习的质量。在符合学校整体文化的统一要求和学校制度文化要求的同时，学校个体文化活动还应协调进行、互相照应。如学习鼓、号的学生要考虑到是否影响了周围师生的活动；晚会活动结束后的环境卫生是否影响到了第二天的正常上课；个人喜欢的文化形式对他人有无影响；等等。

（四）良好的学校文化给个体提供了广阔的发展天地

学校文化建设所创造的良好的学校文化氛围，给个体提供的发展空间是宏观的、立体化的。这包括：

①给个体提供了格调健康、情趣高雅的精神生活空间，使个体在优良的精神生活空间受到熏染，促使他们的精神生活健康发展。

②给个体提供了清洁卫生、整齐舒适的物质生活空间，保证了个体学习和工作的顺利进行，培养了个体"五讲四美"的良好行为习惯。同时，美丽和谐的学校环境也能激发师生奋发向上，建校爱校的积极心态。

③良好的学校文化给个体提供了充分发展志趣、爱好的活动空间，为个体创造了施展才能特长的天地，促进了个体智力、能力水平的发展。

④良好的学校文化不断要求个体适应新的发展特点，促使个体调整原有的文化存在方式，提高他们的文化修养水平和从事文化活动的能力，这就构成了促进个体成长与发展的外部因素。从上述意义上说，良好的学校文化给个体提供了广阔的发展天地。

第二节　教职工个体文化建设

教职工个体文化在学校文化建设中起着非常重要的作用，然而，只有提高教职工的素质和职业道德修养，才能更好地发挥他们的作用。

一、教师个体在学校文化建设中的作用

教师是从事教育实践活动的主体，他把受教育者作为对象，以其自身的活动促进受教育者向预期的培养目标发展。在学校文化建设中，教师的作用主要表现为：

（一）教师是学校文化建设承上启下的桥梁

学校文化建设的方方面面都渗透着教师的心血。学校在学校文化建设方面的整体规划，是在教师们集思广益的基础上制定的，是教师们集体智慧的结晶，是他们根据学生的具体要求、学校的客观条件、教师自身的特点，以及预期的培养目标等因素集体研究讨论的结果。学校要实现学校文化建设的宏伟蓝图，也只有在每一位教师的辛勤努力下才能实现。每个教师都肩负着建设良好学校文化的责任，这是教师自身的工作性质所决定的，班主任、各学科的教师、各课外小组的指导教师都要充分发挥自己的聪明才智，把学校文化建设的具体工作落到实处。因而教师的工作直接关系着学校文化建设的成败，他们是承上启下的中枢环节。

（二）教师是具体活动的策划者、领导者和组织者

在学校文化建设中，教师是具体活动的策划者。学校文化的每一项具体活动都是在教师的精心策划下进行的，从构思活动的形式与内容、构思活动过程、制订活动计划到考虑可能发生的问题，每个细小的环节都需要教师深思熟虑。只有教师精心策划，才能保证学校文化建设具体活动的圆满实现。教师又是学校文化建设具体活动的领导者和组织者。在精心策划的基础上，教师要物色从事具体活动的骨干角色，给他们提出要求、安排任务、锻炼培养骨干力量。教师还要根据学生的年龄特点、需要程度直接或间接地组织领导具体活动，促使活动顺利进行。因此，学校文化建设的具体活动，只有在教师的精心策划和正确的组织领导下才能圆满完成。

（三）教师是抵制腐朽落后文化的柱石

教师是从事具体工作的教育者，担负着培养教育学生的重任，因而抵制腐朽落后文化是教师的重要职责之一。并且，教师在年龄、知识经验、文化价值观等方面都比较成熟，对于那些具有黄、赌、毒性质的"文化垃圾"和各种低格调的文化形式（淫秽手抄本、怪异服装和发型、低级庸俗的语言等）有较强的鉴别能力和免疫力。因此，教师要帮助学生形成正确高尚的价值观和相应的自我导向机制，使学生自觉地、主动地、正确地对各种文化信息和影响进行辨析、筛选、扬弃、消化、吸收，使自身文化素质的发展过程变成一个自我教育、自我完善的自动化过程。这个作用在学校文化建设中是极其重要的，尤其是在现代社会形形色色的文化思潮、文化倾向以及异国情调文化模式的影响下，教师应成为弘扬社会主义文化和优秀的民族文化，抵制腐朽落后文化的柱石。

二、教师应具备一定的建设学校文化的素质

首先，教师必须树立坚定正确的政治思想，这是进行学校文化建设的先决条件。在此基础上，教师还应具备和逐步培养以下几方面的基本素质。

（一）教师应具有现代化的教育观、文化观、美学观

现代化的教育观是社会现代化对教育工作者的客观要求，是现代社会教师应具有的重要素质之一。那么，什么是现代化教育观？从我国目前的情况看，应当从以下几方面进行研究：

①教育兴国观。要转变"先经济、后教育"的观念，牢固树立"百年大计，教育为本"的思想。

②教育价值观。克服轻视人才、轻视知识，轻视教育的观念，在社会发展中充分发挥教育的功能。

③大教育观。要转变教育"只限于学校"的观念，树立以学校教育为主体，以全社会为教育范围的大教育观。

④育人观。要克服"片面发展""平均发展"的育人观，根据马克思主义关于人的全面发展学说，树立"全面发展、因材施教"的育人观；同时，要纠正"重智轻德"的倾向，树立"德育为首，五育并举"的施教原则。

⑤学生观。要扭转把学生看成被动吸收知识、接受教育的"容器"和"听话机"的错误观念，树立学生是"学习主人"的观念；尤其要特别注意纠正厌烦甚至抛弃差生的思想，树立热爱学生，对全体学生的全面成长全面负责的崇高思想。

⑥办学观。要按教育规律办学，实行科学管理，同时，又应广开办学门路，

自筹办学资金，改善办学条件，把办学方向与培养适应商品经济发展的开拓型人才结合起来。现代化的教育观奠定了教师的现代教育理论基础，使教师在学校文化建设中，从消极被动的任务接受者变为积极主动的实践者和创造者。

现代化的文化观是教师站在现代文化的历史高度上，研究文化理论和现代文化思潮，观察分析具体文化问题的基本素质。

现代化的文化观给教师提出了特殊要求，要求教师从教育学生的着眼点出发，广泛探讨现代文化环境中的积极因素和消极因素。现代文化环境中的积极因素，培养了学生现代人的气质，使他们形成了朝气蓬勃、不断追求现代化潮流的积极心态。但是，由于学生的文化价值观不成熟，对腐朽落后文化的消极影响缺乏鉴别能力和抵制能力，其很容易受骗上当，严重者甚至会走上犯罪道路。教师只有在具备了现代文化观的基础上，才能善于利用现代文化环境中的有利因素，克服和转化消极因素，促进学生健康成长。如教师应研究学生的文化倾向，深入了解他们喜欢的现代小说、现代音乐、影视录像以及娱乐方式，既不能简单地禁止他们对现代新文化的积极追求，又不能放任自流，而应从正面积极地引导转化，帮助学生从情趣高雅、格调健康的现代文化中汲取营养；同时，也应通过无数青少年在腐朽落后文化腐蚀下走上犯罪道路的深刻教训，帮助他们提高文化鉴别能力，形成健康的文化价值观。

现代化的美学观也是教师从事学校文化建设的基本素质之一。随着社会的现代化和人类社会的文明进化，人们的美学价值观也在不断更新，不断发展。学校文化建设实际上就是对学校中美的精神境界、美的行为习惯、美的活动方式、美的生活环境的向往与追求。但是，如何辨别美与丑、文明与腐朽、高尚与邪恶；如何辨别随着现代文化的发展所产生的新潮服装、新发型、新的审美意识；如何将这些新的东西转化为教育学生的积极因素，培养他们鉴赏美和创造美的能力，是社会主义现代化建设所迫切需要的。这就要求教师要不断提高自身的美学修养，能够准确把握现代美的发展脉搏，善于把现代美的形式和内容转化为教育学生的积极因素，在学校文化建设中，通过各种美的形式和内容，陶冶学生的情操，美化学生的心灵，培养学生鉴赏美和创造美的才能。

（二）教师应具有现代人才观

教师具有了现代人才观，才能更好地通过学校文化建设培养现代化社会所需要的合格人才。现代人才观的含义非常广泛，从我国社会主义现代化建设的要求和学校文化建设的特点看，主要包括以下三方面：

1. 正确认识新技术革命对人才的要求

20 世纪 50 年代中叶开始，世界新技术革命以它在电子科学、信息科学、材料科学、能源科学、生物工程、海洋工程以及光通信技术、激光技术、核技术、航天技术等领域中的突破，把人类社会推进了一个崭新的技术革命的时代。这个时代迫切需要能够适应新技术革命要求的新型人才。

2. 正确认识商品经济发展给人才带来的挑战

我国社会主义商品经济的迅速发展，不断向传统的人才观提出了挑战。它既要求学校培养的人才具有扎实的基础知识，在德育、智育、体育几方面全面发展，同时，也要求他们具有一定的社会实践能力和经营才能。这包括：

社会生产的组织管理能力，如具有一定的经营头脑和承包经营、承包生产加工的组织才能；了解企业管理和农业生产管理等方面的初步知识；以及了解有关股票的知识。

掌握一到两门生产劳动技术，并了解与之配套的一系列生产工艺的操作要求和工艺设备的基本原理。

培养劳动态度，培养他们勤勤恳恳、一丝不苟的劳动人民的优良品质，这是现代化社会对人才的最基本的要求。

面对商品经济的发展给人才带来的挑战，教师应站在历史发展前列，培养适应社会主义商品经济发展要求的建设人才。

3. 正确认识"人才"

什么是人才？什么样的人能称为人才？人们从不同的认识角度给出了不同的界说。实际上，社会的人才观与社会的政治经济和生产力发展水平紧密相关。从我国社会主义现代化建设的发展趋势看，一般地说，我们需要的是通才和专才相结合的"T 型人才"和"X 型人才"。同时，社会主义现代化建设对人才的需要也是多层次多角度的，既需要高级、中级人才，也需要大量的具有某种特长或技术专长的初级人才。因此，在中小学阶段，教师一方面要为学生掌握广泛的理论知识打好基础；另一方面，教师也要独具慧眼地发掘每个学生蕴藏着的潜能素质，充分发挥每个学生的才能与特长，为发掘他们的潜能素质，培养他们的个人专长创造良好条件。

树立现代人才观对教育工作者具有非常重要的意义。在学校文化建设中，它是教师准确把握学生发展方向、采取有效发展措施的基准之一。

（三）教师应具有丰富的学识和多种特长

丰富的学识和多种特长也是教师从事学校文化建设应具备的基本素质。

1. 要具有丰富的学识

学校文化建设涉及知识领域非常广泛。它要求教师要根据学校文化建设的发展方向和规模不断更新知识、拓宽知识面，这是由教师在学校文化建设中的特殊地位决定的。另外，现代科学文化知识的发展也要求教师不断补充新知识，把现代科学文化知识渗透到学校文化建设中，使学校文化建设不断赋有新的活力。从学生的角度分析，现代社会学生的知识信息源非常广泛，各种渠道的知识信息扩大了学生的知识面，但也给他们带来了各种新问题，他们希望从教师那里找到正确答案。教师能够给他们满意的答复，他们就更愿意接近教师，教师的影响也就能更多地渗透到学生生活的各个层次。这就为学校文化建设的深入开展找到了契机。因此，丰富的学识是教师从事学校文化建设的基本素质，教师应不断丰富学识，扩大知识面。

2. 要具有多种特长

学校文化建设也要求教师具有多种特长。教师应注意发展自己的个人爱好和专长，如绘画、书法、文学创作、摄影、集邮、棋类以及文艺和体育活动等。教师所具有的这类个人爱好和专长是开展各项学校文化活动的宝贵财富。学校要打开学校文化建设的局面，必须注意培养教师的个人爱好和专长，充分利用教师的个人爱好和专长。此外，面对新的技术革命和商品经济发展带来的挑战，教师还应学习某项劳动技能。苏霍姆林斯基说："一个好教师要精通某项劳动技能，并且是这项工作的能手。十分重要的是，学校里要有出色的园艺家，有醉心于机器的人，有电工技术专家，有细木工，有喜欢在教学实验园地作业的植物栽培家。一所好的学校里，每个教师都应有从事某项劳动的热情。"这是现代化的经济建设对教师素质的要求，也是学校文化建设深入开展的要求。

三、教职工要树立良好的形象

学校的教师、行政管理人员以及其他工作人员都应注意在学校文化建设中树立良好的形象，从正面教育感染学生。

（一）身教重于言教

我国古代教育家孔子非常重视教育者以身作则的作用，他认为教育者的模范作用可以形成巨大的教育力量。他说："其身正，不令而行；其身不正，虽令不从。"在学校文化建设中，教职工从语言、行为习惯、卫生、文明礼貌等各种角度影响着学生。教职工应注意利用自身的言行，从正面教育感染学生。

1. 语言

教职工应努力提高语言美的标准，通过自身的语言美给学生树立良好榜样，坚决禁止粗俗低级的语言在教职工队伍中蔓延，个别教职工的不良口语习惯，也应注意坚决纠正。

2. 行为习惯

教职工要养成良好的行为习惯，要求学生做到的，自己应首先做到，如按时上班、爱护学校的公共财产等。并且自身要形成良好的行为习惯，潜移默化地教育感染学生。

3. 卫生

教职工都应注意衣冠整洁，搞好个人卫生，还应注意保护和维持环境卫生、办公室卫生，养成良好卫生习惯，如不随地吐痰。教职工的卫生工作应该是学校中的表率。

4. 文明礼貌

文明礼貌是学校文化建设中的重要指标。教职工不仅要在学校中提倡文明礼貌行为，还必须以身作则，为学生树立榜样。

（二）提高职业道德修养

在学校工作的教职工都在以自身的形象影响着学生，因而他们都肩负着教育学生的责任。因此，不断提高教职工的职业道德修养也是学校文化建设的重要内容。

1. 教师和行政管理人员的职业道德修养

教师和行政管理人员都是学校直接或间接从事教育工作的教育者。热爱教育事业、热爱学生是他们最基本的劳动态度，也是他们最基本的职业道德要求。它调节、影响着教育者从事教育工作的情感和水平。教师和行政管理人员热爱教育事业、热爱学生的积极情感，是他们从事各项教育活动的动力因素，是他们在事业上取得成功的重要保证。只有具备了这个基本的职业道德要求，教育者才能赢得学生的尊敬和爱戴，树立良好的、一个教育者应该具有的形象。

2. 学校其他工作人员的职业道德

学校的工友、传达室的工作人员等的职业道德水平也往往从正面或反面影响着良好学校文化的形成。例如，他们平等礼貌的待人态度，勤勤恳恳、任劳任怨、认真负责的工作态度，严谨而高效率的工作作风，都能在学校文化建设中树立受人尊敬的良好形象。反之，他们粗暴无礼的待人态度、出口伤人的恶毒语言，往往能打破学生的心理平衡，抵消教师正面教育的作用。因此，学校文化建设也应渗透到学校其他工作人员中去，促使他们形成学校工作人员应有的职业道德，在学生心中树立良好的形象。

第三节　学生个体文化建设

学生个体文化建设的意义十分重要，内容也很广泛。学生个体文化的发展水平是学校文化建设的重要指标。

一、学生个体文化建设的意义

正确认识学生个体文化建设的意义，对于搞好学校文化建设是非常重要的。以下主要从两方面进行分析。

（一）学生个体是学校文化建设的"细胞"

学生是学校的受教育者，也是从事学校文化活动的主体。学校文化建设只有在学生积极活动、热情参与的前提下才能充满活力，富有朝气，才能实现预期的目标。因此，学校文化建设必须面向全体学生，为所有学生创造优良的文化环境，提供参加活动的机会，让每个学生都能在优良的文化环境中受到熏陶，得到发展；学校文化建设必须调动学生积极参与的热情，学生积极参与的热情越高，学校文化建设的生命力就越强。从这个意义上说，学生个体是学校文化建设的基础结构和功能单位，是学校文化机体的细胞组织，具有能动性、情感性、发展性的特点。

1. 能动性

学生个体是学校文化建设中的教育对象，但他不是消极被动地接受塑造，而是在主观能动性的支配下，在积极参与学校文化活动的过程中接受教育影响的。

2. 情感性

他们是具有思想感情的个体，是带着丰富的感情色彩参与学校文化建设的。因而，学校文化建设满足他的需要与愿望，能够维护他独立的人格，他积极参与的热情就更为强烈。

3. 发展性

学生个体是发展中的人，在他们身上潜藏着各方面发展的极大可能性。他们需要发展个性的条件，需要表现才能的机会，希望学校文化建设给他们提供这种条件和机会。

（二）学生个体的发展是学校文化建设的出发点和归宿

促进学生的全面发展是学校的根本任务，也是学校文化建设的出发点和归宿。因而，学校文化建设首先应该是一个不断发展、不断提高的动态结构，它要不断给学生个体的发展提出新的要求。这个动态结构是围绕着学校的中心工作形成的，是与促进学生全面发展的课程文化相适应的。学校文化建设应根据学校的中心工作和课程文化的要求，利用各种丰富多彩的文化活动和文化内容，不断给学生提出新的发展要求，促进学生的全面发展。其次，学校文化建设的最终目的与学校的培养目标是一致的。它既要给学生提出全面发展的统一要求，为学生打好牢固的知识基础，帮助学生树立坚定的政治信念，使他们在将来的社会实践活动中具有较强的适应能力和成熟的政治素质；又要充分发展学生的个性，充分发掘他们的潜能素质，培养他们在文学、美术、体育、音乐、劳动技术等领域中的特长，培养他们的发明创造才能和文化创作才能。因此，学校文化建设的最终目的就是促使学生达到最好的发展水平。

二、学生个体文化建设的内容

学生个体文化建设的内容非常广泛，涉及的问题很多，以下针对几个主要问题进行分析。

（一）根据教学计划促进学生个体全面发展

学生个体文化建设要与具体的教学计划相适应，与学校的课程文化相适应，应成为具体教学计划和课程文化的延伸和补充，同时，它也是对教学计划和课程文化更生动、更丰富的体现。

学生个体文化建设要解决课堂教学中的个别差异问题。学主在统一要求的课堂教学中，有的发展快，有的发展慢，个性差异问题比较突出。如对于发展快的学生，可以给他们提出更高的要求，鼓励他们向深度更高、范围更广的领域发展；对于发展慢的学生，可以给他们创造一些适应于他们学习理解的条件，从多种渠道帮助他们更好地完成学习任务。

学生个体文化建设要通过生动具体的活动，提高学生的社会主义觉悟和政治理论水平。政治课的学习，要针对学习的理论问题，让学生进行社会调查，借助社会主义建设取得的伟大成就，提高他们的觉悟水平；要到当地的革命斗争历史遗迹上进行考察，让学生了解中国人民在旧社会遭遇的苦难，以及艰苦卓绝的革命斗争历程，通过生动的对比，提高他们的政治思想觉悟。

学生个体文化建设要培养学生的学习兴趣，寓教于乐、寓学于乐，进行"愉快教育"，这样就能极大地激发学生的学习兴趣。如可以建立各种类型的学习活动小组；也可以把学科知识与学生的野营、郊游等活动有机地结合起来，让学生在丰富的、多姿多彩的大自然中学习知识，激发他们探索大自然的兴趣。

（二）发展个性

什么是人的个性，心理学界关于个性的定义很不统一，但归纳其本质含义其至少具有以下几个基本特点：

①个别差异性。个体必然具有自身的特点。

②整体性。它是个体生理、心理活动有机构成的整体。

③动态性。它是外部条件与内部因素相互作用的结果。

正确把握个性的概念，有助于我们正确认识学生个体文化建设中的个性问题。那么，如何才能在学校文化建设中发展学生的个性呢？

学生的个性只有在学校文化建设整体功能和学生集体积极活动的作用下，才能得到充分的发展。这是一个比较借鉴的过程，是一个激励的过程，也是一个不断完善的社会化过程。学生只有在良好学校文化建设整体功能和学生集体积极活动的作用下，通过比较借鉴，找出自身在个性发展中的差距，学习他人的长处，借鉴他人的发展经验，才能逐步完善自己的个性。如在学校文化活动的人际交往中，不拘小节者，将逐渐趋于严谨；性格内向者，将逐渐趋于开朗。并且，在比较的过程中，学生获得的比较满意的成就将使其产生一种愉快体验，这又强化了他们发展个性的主观愿望。良好学校文化建设的整体功能和学生集体的积极活动，还能形成促进学生个性发展的激励因素，促使学生在广泛的学校文化活动中寻找表现自己才能的突破口，充分发展自己的个性。因此，个性的发展是以积极参与集体活动为前提条件的，这正如恩格斯所说："个人只有在集体中，才能获得全面发展其才能的手段。"

（三）提倡"五小文化"

现代科技革命和商品经济的发展对人才的创造思维能力和社会实践能力提出了很高的要求。学生个体文化建设要大力提倡"五小文化"，以培养学生的创造

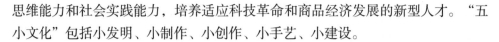

思维能力和社会实践能力，培养适应科技革命和商品经济发展的新型人才。"五小文化"包括小发明、小制作、小创作、小手艺、小建设。

1. 小发明

小发明是培养学生创造思维能力的重要形式，即中小学生综合运用学到的知识进行发明创造。小发明将促使学生在人生道路上迈出有意义的第一步，在他们的心灵中埋下发明创造的种子，激发他们发明创造的意识。这正是现代科技革命对人才素质的迫切要求，也是促进民族兴旺发达、经济繁荣的重要条件。培养学生的发明创造能力是现代社会培养现代人的重要任务之一，我国很多中小学已经广泛开展了小发明活动，不少学生的成果还得到了有关专家的赞赏和肯定。

2. 小制作

苏霍姆林斯基说："孩子的智慧出在他的手指上。"这就是说，手的灵活运用能够促进大脑思维的发展。小制作是手脑并用的活动。它的类型多种多样，如制作航模、小木船、小工具以及小型机械等。它是学生把学到的知识运用于实践的过程。这个过程通常经过构思方案、寻找材料、加工制作等阶段，每一阶段都需要大脑积极思考，以保证制作工作顺利实现。并且，它与人类生产实践的制作过程很相似，这就为学生提供了尝试生产制作的机会，有利于学生的全面发展。

3. 小创作

学生个体文化建设要培养学生的创作意识、创作热情，并使他们积极进行文化创作活动。学校文化建设需要小作家、小诗人、小画家、小摄影家、小作曲家。这些小艺术家能够极大地丰富学校文化活动，给学校文化建设增添绚丽多姿的色彩。小创作活动的开展能为学生的全面发展开辟新的途径，为热衷于艺术创作的学生创造了良好的条件和广阔的天地。小创作活动要求学生创造性地运用学到的知识，通过一定水平的艺术构思创作一定水平的艺术作品，这是对学生综合运用知识的检验。小创作活动还能够启迪学生的艺术灵感，考查学生的艺术创作才能，为国家发掘和培养艺术人才。因此，在学校文化建设中，小创作是促进学生个体文化发展的一项重要内容。

4. 小手艺

商品经济的发展对人才的要求是全面的，既要求他们具有为社会做贡献的才能，同时也要求他们形成一定的生存和生活能力。美国前教育总署署长西德尼·马兰在全美中学校长协会上提出了"生计教育"的主张，提出要让学生掌握维持生计的各种技能，以适应个人和家庭生活的需要。小手艺能够发展学生适应社会的生存和生活能力，有利于培养商品经济发展所要求的新型人才。因此，学生个体文化建设应广泛开展"炒一手好菜""掌握一门技术""学一门手艺"等活动，增强学生的社会适应能力，提高学生的自理能力。

5. 小建设

学生个体的小建设是学校文化整体发展的重要组成部分，它能在学校文化建设中起到锦上添花的作用。如学校应鼓励学生设计美化教室和学校的方案，并挑选最佳方案让设计者去实现他的蓝图。这既美化了学校，又发展了学生的创造思维、设计构思能力、加工制作能力。同时，小建设还能极大地调动学生建设母校的积极性，培养他们热爱母校的深厚感情。

（四）提倡"表现教育"

现代化社会要求人才善于表现自己的才能，善于推销自己的才能，以便于社会用人部门发现和选拔人才。这就对传统的教育观念带来了挑战，要求学校提倡"表现教育"，要求学校文化建设为"表现教育"创造条件。"表现教育"涉及的问题很多，从学生个体文化建设的角度分析，主要有如下几方面：

1. 通过学生个体文化建设培养学生的表现意识

即让学生认识到表现自己的才能对社会发展的重要性，以及对个人成长的重要作用。尤其是在改革开放的新形势下，我国社会主义建设事业迫切需要各级各类人才，而学生要想不被淘汰，自己的才能不被埋没，就要善于表现自己的才能。在表现的过程中，学生才能更好地激发自己的潜能，施展个人才华。这既是社会发展和经济竞争的迫切要求，也是学生的热切愿望，学生个体文化建设应当把社会的要求与学生的愿望统一起来。

2. 通过学生个体文化建设让学生学会正确地表现自己

学生个体文化建设要端正学生表现自己的态度，教育学生认识到表现自己既不是卖弄自己的小聪明，也不是有意显示自己比别人强多少，而是落落大方地展现自己的才华，发展自己的才能。表现自己更不能盛气凌人地以"骄子"自居，自以为除了自己之外，别人都不行。表现自己必须处理好个人与集体的关系，处理好自己与他人的关系，要教育学生认识到个人的才能只有在集体的积极活动中才能得到充分展现，个人的才能也只有在互相比较的过程中才能充分发展。表现自己应是一种高雅成熟的气质，是自我意识、自我价值成熟的一种表现。

第八章 社会文化环境与家庭文化环境

文化环境涵盖的面非常广。一个民族的文化保留在日常生活中，从生活环境与生活方式中表现出来。教堂是西方基督教文化的标志。寺庙是南亚、东南亚佛教文化的标志。北京的故宫、四合院，中国书画、陶瓷等文物，则属于中国文化。一个国家、一个社会有阶级、集团的区分，但是，文化环境都是人类共有的精神财富，它孕育着不同的人生观，产生着不同的影响。我们把构成人生教育影响全部源泉的文化环境，称为社会文化环境；而把个人周围直接的、时刻都与他接触并影响他意识和文化行为的环境称作家庭文化环境。家庭文化环境构成人生教育特殊影响源。学校文化环境是人生具体受教育的文化环境，三者对人生的发展与成长都有重要影响，它们相辅相成、相互作用。

第一节 特殊影响源——家庭文化环境

家庭文化环境是人生第一文化环境，家庭文化环境是人生所受教育的起点，也是教育儿童的主要社会力量和环境因素，具有影响他们的身心成长、行为习惯、理想志趣、学业成绩等重要作用。

家庭文化环境的内容非常丰富，家庭文化环境的含义也远远超出家庭教育的范围。改革开放首先给家庭带来了一系列新的变化，随着收入的增加，彩电、录像机、照相机、电子琴、书报杂志开始进入许多家庭，绚丽多彩的家庭文化在迅速扩展，遍及城乡。经济富裕了，物质与文化生活的方式、价值观念、传统的伦理观念、人际关系、消费形式、需求层次都呈现出新的态势。

一、家庭文化环境的基本要素

主要从家庭结构、家庭气氛、电视等方面对家庭文化环境的基本要素进行分析。

（一）家庭结构

家庭结构是家庭生活的主要指标。家庭结构在其规模上区分为大家庭（联合、扩大、主干家庭）和小家庭（核心家庭）。家庭结构直接影响家庭成员在家庭生活中的地位，以及家庭人际关系的疏密程度。大小家庭在家庭教育影响上各有千秋。大家庭生活经验和人际关系较为全面，不易形成以子女为中心的家庭生活和家庭教育特点，以及同代子女辈之间存在着横向交往、学习、竞争等。而小家庭（核心家庭）中其成员的关系比较紧密，亲子关系成为强有力的教育纽带。

家庭结构根据其完整性，可分为常态家庭和非常态家庭。非常态家庭包括三种情况：一是双亲曾有过离婚史的离异家庭；二是指父母或其中一方由于疾病、天灾等自然原因过早去世的缺损家庭；三是指有继父（母）及收养关系的家庭。对于来自非常态家庭（尤其是离异、缺损家庭）的学生来说，这一非常态的家庭结构则可能成为他们学习、成长的精神负担。从一些社会调查情况看，非常态的家庭结构往往是导致青少年违法犯罪的重要原因。然而，从总体上看，常态与非常态家庭结构，对受教育者的学习成绩和品德表现并不产生统计学意义上的差异影响，这也说明在家庭结构的完整性上存在着问题的复杂性。非常态的家庭并不意味着其家庭教育必然存在许多困难或不利条件；而正常完好的家庭在子女教育上的优越性也是相对的。

家庭结构还包括子女数、出生次第及独生子女等综合因素。这些因素也可能对受教育者的学习和品行产生一定的差异影响。人们很早就关注出生次第是否影响受教育者的学业成绩或品行的问题。国内早些时候的研究支持这种观点，由于子女出生次序的差别，在客观上形成父母教养态度、教育经验的一定特殊性，继而影响到子女的个性成长和发展变化。但国外和国内近年所做的较大范围的调查结果并没有支持以上观点，一个人的学业成就及品德表现与他的出生次序可能无甚关系，更令人关注的是独生子女问题。独生子女的教育问题前两年曾一度成为"教育热点"，有所谓"四、二、一"综合征、一代"小皇帝"等独生子女教育问题，给独生子女父母带来了沉重的忧患。有的教育工作者也撰文认为独生子女较非独生子女其学习和道德行为习惯普遍较差。但是，较大范围的调查结果表明，独生子女与非独生子女的学习成绩与品行面貌，也不存在统计学意义上的任何差异。不过应该看到，独生子女的家庭，在教育条件上发生了某种变化。双子或多子女家庭的学生很早就生活在一个由兄弟姐

129

妹组成的集体中，而独生子女的家庭缺乏这种集体气氛，缺少年龄相近、地位平等的小同伴互相交往互相帮助的交际锻炼，他们往往不懂得同别人分享快乐，也缺乏关心别人的习惯。而独生子女在与其双亲互动中成为中心，在家庭的物质生活上带有独占性。不少父母也能意识到这些不足而设法去弥补。在看到这方面不利条件的同时，也应看到独生子女的家庭也存在着不少有利因素：如独生子女的经济生活水平及教育抚养费用较为优裕，能充分享有双亲的爱护和关怀，其早期教育也更受其家长的重视，等等，独生子女在智力、才能等方面易得到相对充分的发展，知识面也比较宽。总之，在独生子女问题上，诚如日本教育家山下俊郎所指出的，对独生子女的特异性不应轻率地下断语，而须联系他们的具体家庭环境、家庭结构、家长教育水平等条件去做深入的研究。这些因素在扬抑独生子女性格特点、社会生活特点等方面产生着具体而实际的作用。

（二）家庭气氛

家庭气氛是家庭成员的职业、经济状况、性格、文化教养以及彼此间感情关系的综合产物。家庭气氛是无形的，但对人的影响是有形的、深刻的。因为家庭中双亲与子女的互动，始终是在一定的家庭气氛中发生的。

家庭是建立在感情基础之上的。家庭成员间相亲相爱，家庭气氛会温暖和睦；相反，家庭成员间有感情隔阂，甚至钩心斗角，家庭气氛则必定冷漠不和。温暖和睦的家庭，容易养成乐观、和善、开朗、合群的孩子；冷漠不和的家庭，容易养成悲观、忧郁、孤僻的孩子。不同家庭气氛对子女教育影响的调查表明，在被区分为"和睦""平常"和"紧张"三种不同家庭气氛条件下，学生的学习成绩和品德等都存在显著的差异，三种家庭气氛呈现依次下降的趋势。有的研究结果表明，家庭气氛与青少年违法行为率关系甚大，不和睦的家庭与和睦的家庭相比，其子女产生违法行为的概率明显增大。

家庭气氛，因家庭而异。形成和维持良好和谐的家庭气氛，主要责任在于父母。在和睦的家庭中父母对子女的溺爱或过分的照顾，容易使子女变得消极、任性，不能适应集体生活。父母对子女过分严厉，子女会变得胆怯、敏感，容易同人群格格不入。相互了解是家庭成员和睦相处的前提。增进了解的方法在于沟通。互相尊重，是家庭和睦的基础，父母间的互敬互爱及对长辈的尊敬，和父母待人处事的方式，都会成为子女效仿的对象。值得注意的是，由于时代的进步、经济和文化的发展，以及人生经历的不同，家庭成员会形成不同的认知体验和价值取向。父母和子女的这种不一致，就是通常所说的"代沟"。凡涉及价值观问题时，父母应慎重对待，深刻理解解决问题的复杂性，切忌简单化，不要强求一致，尽可能展开平心静气的讨论，实现彼此的认同。

（三）电视

由于电视的普及，电视文化在家庭中构成重要的文化环境因素。电视的内容，涉及社会的政治、经济、文化等各个方面，且形式直观、形象，对家庭成员吸收社会文化有重要作用。

家庭中的电视，对学生有正反两方面的影响。

电视对智力开发有明显益处。根据皮亚杰的智力发展阶段论，在儿童发展的两个智力阶段，采用适合智力发展的视听资料，将声音和图像统一起来，能够帮助提高儿童的语言能力。在第一阶段，在幼儿和儿童的眼里，万物皆有灵，周围的一切事物，无论是有生命的还是无生命的，都和自己一样具有人的特征。以人的思想与感情所描述动物的电视节目，特别是木偶片、动画片等，正好与儿童的思维方式相吻合。儿童智力发展的另一阶段是亲身体验阶段。这时，他们已接近入学年龄，开始具备鉴别事物的能力，他们对故事有浓厚的兴趣，对故事的发展尤为好奇。小学生毕业时，儿童已进入规范活动阶段，开始获得成人才可能具有的那种抽象思维能力。他们通过电视去领悟、政治及文化思想，他们的情感渐渐变得丰富起来。所以，世界各国都以种类繁多的电视节目，来满足不同年龄阶段的儿童智力发展与情感需要。

电视在起着开发儿童智力作用的同时，其中一些不健康的节目也起着侵害儿童心灵的不良作用。据一些西方国家统计，在美国的电视节目中，平均一小时可以看到9次肉体侵犯行为的镜头和8次语言伤害他人的镜头，这些暴力片又是在儿童收看最佳时间即下午4点到晚上9点播映的。累积计算起来在整个中小学生年龄阶段内，每人可以看到约1.8万次杀人的镜头。这种使人为之瞠目的数据理所当然地会引起人们的关注。调查结果表明，多数人认为暴力电视节目确实给社会带来了有害的影响。一个喜欢收看暴力电视节目的8岁儿童，到18岁时所干的违法行为比不喜欢看暴力电视节目的同龄人多。在我国，暴力电视节目是严格受控制的，但是一些不健康的、情调庸俗的电视节目，也给中小学生的成长带来了不良影响。

电视作为家庭文化环境中的学习媒体之一，对青少年的认知产生了不容忽视的影响。目前对这种影响有两种看法：一种认为电视能帮助儿童和青少年理解自然和社会环境，对其思维发展有良好的影响作用；另一种认为电视节目所提供的知识属表面知识，对其发展创造性思维具有潜在的阻碍性。同时，中小学生长时间看电视就会减少户外活动，代替集体游戏和阅读，也就失去了对实际生活直接体验的机会。电视在家庭中已经普及，根据它的影响，首先应要求提高节目的质量，制作具有教育意义的节目，同时，教师和家长应选择适合儿童收看的节目，发挥电视在学习文化知识方面的积极作用。

二、家长的职业、文化程度、教养方式对家庭教育的影响

以上分析了家庭文化环境的基本要素，下面分析家长的职业、文化程度、教养方式等对家庭教育的影响。

（一）家长的职业

家长的职业可分为知识分子类（包括科学、技术工作者，教师、医生，新闻工作者以及其他从事知识性职业的工作者）、干部职员类（包括领导干部、行政人员、财会人员、军人，以及其他企事业单位职员）、工人（含少量农民）类三个类别。家长的职业差别会给家庭教育带来不同的影响，通常是职业习惯会带来不同的生活方式、工作方式，由此也就形成了不同的家庭环境、家庭条件、学习气氛。不同职业类别的家长在对子女的指导能力以及教育方式方面均有差别，再加上他们的职业道德要求、职业修养等也不一样，这种种差异最终都会影响到子女的心智和品德个性的发展状况，影响到子女的学习成绩和品德面貌。

（二）家长的文化程度

在国外有关调查材料中指出，子女在校成绩优秀的可能性随着双亲文化水平的提高而明显增大；反之，子女成绩平庸的可能性则随双亲文化水平的降低而增大。我们国家相关学者的调查也表明，家长的受教育程度，与其子女的学习成绩有显而易见的对应关系。同时，在家长文化程度不同的条件下，子女的品德等也存在极为明显的差异。据分析，单单从学习指导能力来看，家长具备高等文化水平，相对其子女（中学生）就形成居高临下的"优势"，家长能主动地关心、指导其子女的学习，并具备一定有效的方法，其子女也常把家长当作文化权威，愿意向其求教。中等文化水平的家长对其在中学学习的子女来说是"平势"，对其子女指导的情况也较为复杂，一些从事教育工作或文化基础扎实的家长，对子女的学习能起到较好的促进作用；而那些离校多年对于子女在文化上失去优势的家长，在指导子女的学习上表现得心有余而力不足。初等文化水平的家长相对而言则处于"劣势"，对子女的学

习处于听任自便的状况，即使对子女学习有督促，也常遭子女"白眼"，由此可见，家长的文化水平对中学生的学习成绩是有较大影响的。家长的文化程度对子女学习成绩和品德面貌的影响，简言之，主要有：①家长文化程度的不同，带来家庭文化生活、气氛、学习方面的差别；②家长的文化程度对于子女的学习志向具有强有力的影响；③家长的文化水平也会影响其对子女的教养态度。

（三）家长的教养方式

20 世纪 80 年代初，以美国著名教育家布鲁姆为首的一个研究小组对 120 位杰出人才进行了长达 4 年的研究，这些人才包括科学家、艺术家和运动健将。这项研究的其中一个成果是这些杰出人才的家长的教养方式有如下一些特征：

第一，这些家庭的家长文化程度高低不一，所从事的职业更是五花八门。但是他们都有一个共同之处，即真正地关心自己的孩子，为孩子的成长献出了他们的时间、精力和财力，甚至为孩子不惜改变自己原来的兴趣。

第二，在这些家庭中，父母都具有很好的表率作用和教养方式。他们兢兢业业，工作干得非常出色，给孩子们留下了很好的印象，促使他们产生"我应该做得好些"的想法，学习分外勤奋。

第三，在教养方式上，这些家庭的大多数家长都要求自己的孩子分担家务活，做家庭中的日常琐事，孩子在出去玩之前必须先做好分给他们的家务，使孩子从小就承担起了适当的责任（这种责任对一个人后来的作为有很大影响），并帮助孩子学会"自我管理"，尤其是对时间的合理安排。

父母是孩子的"第一位老师"，是儿童社会化过程中最初的"角色模仿"对象。一旦儿童从自己的父母那里学会了种种良好的行为习惯和处事行为、准则，将对其一生的发展产生极大的影响。教育子女尽可能早地承担起他们应该承担的责任和义务，对于孩子的进取心和责任感的培养是至关重要的。很难想象出一个不肯负责的人，不愿承担义务的人会有令人刮目相看的成就。

第二节　全部影响源——社会文化环境

学生的身心发展会受到社会文化环境的影响和制约。学校的学校文化建设也总是在社会文化环境条件下进行的，其效果也受到社会文化环境的影响和制约。古今中外许多教育家认为社会文化环境着学生的发展。

一、社会文化环境概述

社会文化环境是由复杂而众多的社会因素构成的，包括由人们的物质生产活动、人与人之间的物质关系构成的物质生活环境和由语言、思想、观点、理论、制度、风俗、文学艺术、大众传播等构成的精神生活环境，它们直接影响着人们的思维模式、行为方式和价值标准。从文化学角度说，文化是社会的一个重要的组成部分，文化从属于社会，社会与文化是一种包含与被包含的关系。社会是一个有机的整体，可以把社会区分为社会关系（社会结构）共同体和文化关系（文化结构）共同体。社会有机整体功能的发挥，一是通过社会关系，二是通过社会文化。相对于社会关系与结构而言，社会文化是一个相对独立的组成部分，具有自己的结构，是社会功能发挥的一个相对独立的方面。文化关系共同体可以分为三个层次：一是社会规范文化形态，它一般是核心层的文化，它包括政治文化、文学艺术、体育文化；二是社区文化，它包括城市文化、集镇文化、乡村文化；三是大众文化（通俗文化），它主要是指利用大众传播媒介——电影、广播、电视等传播的文化。

（一）社会规范文化形态

1. 政治文化

一个学生从幼年起不断地从其父母、师长、同学和朋友那里认识自己所处的社会，学习如何对待政治权威，了解个人在政治体系中应享有的权利和应尽的义务。他所学习的内容就是一个社会的政治文化。政治文化由政治制度、政治理论、政治思潮、政治心理等成分构成。特定的政治文化要进入每一个社会成员的思想，从而决定他们的政治态度。因此，政治文化对人的政治素质和政治态度最为直接的教育形式，由此决定了它在社会文化环境因素中占有首要地位。

2. 文学艺术

文学艺术是社会中最为常见，人们最喜闻乐见的一种文化形式，具有广泛的群众基础。文学作品取材于生活，用艺术形象再现生活，讴歌美好的事物，鞭笞丑恶的东西。影响人们生活的文学形式主要有小说、诗歌、散文、报告文学、戏剧等。艺术作品大都有自己的艺术风格和艺术形式。艺术风格通过艺术手法表现出来。艺术的门类和形式主要有美术、摄影、音乐、戏剧等。文学作品通过广泛的艺术题材和深刻的主题思想，形象化地反映社会生活，一部好的文学艺术作品，往往强烈的反响。具有巨大的教育作用。文学艺术家把特定的审美意识和情感注入读者和观众的心田，在满足广大人民群众审美需要的同时，也提高了社会大众的文化欣赏水平。文学艺术对社会文化环境的影响（包括积极的和消极的）是政治文化以及其他文化因素所无法比拟的。

3. 体育文化

体育文化作为社会的一种重要的文化现象，是现代社会进步的标志之一。在现代社会生活中，体育是人们生活中不可缺少的内容，已经成为人们最喜爱的娱乐活动。作为一种文化形式，体育又具有特殊的文化功能。

其一，体育具有广泛性，是各国人民相互交往、增进友谊的桥梁和纽带。在奥运会"五环旗"和奥运"重在参与"精神的鼓舞下，1988年汉城奥运会有160个国家和地区参加，不同意识形态、不同种族、不同民族的人共同走到了竞赛场上。赛场上的运动员吸引了数十亿观众，奥运会把五大洲空间缩小的同时，也把不同社会制度、不同价值观念的人们"凝聚"到一起，通过体育比赛促进各国人民的相互了解和感情沟通。

其二，体育可以提高一个国家的国际地位，从而激发公民的爱国热情。体育所具有的竞技性使得比赛场地成为各国之间没有枪炮声的"第二战场"，世界各国大都借助体育竞技提高自己的国际影响力，提高自己的声誉。因此一场场重大的国际比赛的胜利在国民中产生了巨大的冲击，使千百万人乃至整个民族沸腾起来，使民族精神得到了升华，整个民族显现出空前的凝聚力。我国女排第一次获得世界冠军时在国内外引起了巨大轰动，就说明了这一点。女排的"拼搏精神"已成为当代中国的民族精神的一个部分。

其三，现代体育器材、训练体制和组织大型比赛的科学化规则所体现的高科技水平和总体协作精神，使体育文化具有了提高人的科技意识、训练人的协作精神、培养人的文明礼貌行为等教育的作用。体育与科学日益走到一起，体育与文化更加融为一体，现代体育文化的加速普及和发展，成为社会现代化的标志之一，成为社会文化环境中一个极为活跃的因素。

（二）社区文化

从文化社会学角度讲，人的生存环境已经被人社会化了，不再是纯自然的了，因而也成为社会文化环境的一部分。社区文化在一般意义上是指社区内一种高度一致的文化。它拥有区别于其他社区的独特的文化行为和组织。它与每个人的生存活动范围密切联系在一起，通常可将社区文化分为三大类：城市文化、集镇文化和乡村文化。

1. 城市文化

城市是现代生产和科学文化最集中的地方，是经济、政治、教育、文化中心。城市具有各种发达的文化设施，如图书馆、博物馆、影剧院、文化站；各种娱乐场所，如公园、游乐场、运动场、舞厅；各种现代建筑，如鳞次栉比的大厦；各种服务设施，如医院、商店、饭店、旅店、公共交通工具。所有这些决定了城市文化的发达程度，它们的不同组合和搭配决定了生活于其中的人们的文化素质。

从文化价值取向方面看，城市文化崇尚一种开放、奋进、创新的文化精神。从城市人才荟萃方面看，城市中拥有比较集中的科研、学校、文学艺术创作团体等单位，由于科研设备和文化设施较为齐全，文化英才和知识精英相当集中。

2. 集镇文化

集镇是城乡经济、文化交流的桥梁，它既是农村居民的社会活动中心，又是城市科技、经济和文化向农村辐射的中转站，由于集镇的经济结构具有混合型特征，即农、工、商一体化，产、供、销一体化，为农业的产前产后服务的产业较多。职业构成又是兼业型（亦工亦农或亦农亦商等），因此，集镇居民的生活方式的总特征：比乡下人"洋"，比城市人"土"，呈现为一种过渡型的生活方式。集镇文化表现为一种融合和功利的精神。即对城市文化敏感，吸收很快，并与乡土文化进行融合，而成为一种具有一定地区性和时代性，并为群众喜闻乐见的文化表现形式。集镇居民在文化价值取向上比城市、乡村居民更讲究实惠、功利，文化活动设施不齐全，不配套，文化市场不发达。但也有一些集镇居民自己经营的文化摊点，如舞场、台球、录像放映点等。

3. 乡村文化

乡村传统的经济活动比较简单，自给自足性强，职业门类较少。改革开放使广大乡村经历了深刻的社会经济变迁，文化也随之不断发展起来。

乡村文化是乡民在农业生产与生活实践中逐步形成并发展起来的道德情感、社会心理、风俗习惯、是非标准、行为方式、理想追求等，表现为民俗民风、物质生活与行动章法等，以言传身教、潜移默化的方式影响人们，反映了乡民的处事原则、人生理想以及对社会的认知模式等，是乡民生活的主要组成部分，也是乡民赖以生存的精神依托。较之工业的高度发展，农业的缓慢发展常常给人以安全稳定的印象。

相对于城市的狂躁、复杂与多变，乡村则有着更多诗意与温情，它承载着乡音、乡土、乡情以及古朴的生活、恒久的价值和传统。在城市化背景下，农村的大量消失并不意味着乡村文化的消亡，相反，乡村更加稀缺而珍贵，乡村依然是人们心灵的寓所。

在中国古代社会里，乡村文化是与庙堂文化相对立的一种文化，乡村文化在乡村治理中发挥着重要作用。在人们的记忆中，乡村是安详稳定、恬淡自足的象征，故乡是人们魂牵梦绕的地方。回归乡里、落叶归根是人们的选择和期望。

在现代社会，乡村文化依然是与城市工业文化相对立的一种文化，许多城里人生活在都市却处处以乡村为归依，有所谓"乡土中国"的心态。城镇化是"以城带镇"的发展模式，是由农业人口占很大比重的传统农业社会向非农业人口占多数的现代工业社会转变的历史过程。

乡村文化人是乡村的活跃分子，农闲时，他们吹、拉、弹、唱自娱自乐。乡村文化人被乡民们称为"能人"。

（三）大众文化

20 世纪七八十年代，大众文化在西方社会大规模发展，虽然没有形成一个普遍的关于"大众文化"的定义，不过其基本含义是明确的，它与"精英文化"相对，是被一般民众所接受的文化；它与大众传播技术以及视听手段和复印手段的进步密不可分，是利用大众传播媒介扩散、流传的文化；它是"技术文明"的产物、现代工业社会的产物；它具有明显的娱乐性、消遣性和商业性特征。

中国 20 世纪 70 年代后期开始的改革开放和由此推进的现代化建设，为大众文化的发展创造了物质基础（大众传播媒介）。大众文化流行于城市，波及农村，既表现为具体的活动（迪斯科、健美操……），也凝聚成视听作品（流行歌曲、通俗小说……）；既反映在有形的物体上（广告、时装……），也渗透在无形的情绪、意识和习性中（关注"海湾战争""圣诞热"，追求明快、活泼、有情趣的生活方式，喜欢标新立异……）。它不同于"民间文化""民俗文化"，而与"闲暇文化""学校文化""青年文化"有着密切关系，因此其在中国当代社会具有一种相当强大的渗透力。

大众文化除了具有娱乐性、消遣性外，还发挥了促使传统社会心理解体，小农文化意识消解，传统文化向现代化转型的作用。大众文化既有它正面的功能，也存在着负面的消极影响。

大众文化的通俗性极容易导致大众文化产生庸俗化的影响，加之其商业性、消遣娱乐性，就使得大众文化的多种形式中存在着丑恶的东西。此外，当代中国的大众文化不可能不直接受到西方大众文化的辐射和侵染，如果忽视社会制度和文化背景的差别，无限制地任其传播，许多在西方可以合情合理存在着的大众文化现象，定会对中国产生消极和不良的影响。

二、社会文化环境的特点

社会文化环境与社会生活的各个方面都有关联，经济改革和对外开放，从根本上决定着当代我国社会文化环境的发展状况，这是我们研究社会文化环境特点的立足点。

综观当今我国的社会文化环境，有以下几个特点：

（一）内容广泛，涵盖面广

随着我国对外开放的深入，各地发展程度的不同决定了文化发展的层次性。即产生了经济特区—沿海地区—内地—边远地区的文化层次差异。沿海地区文化吸收外来文化多，异彩纷呈；内地文化在创新中弘扬传统文化精髓，博大精深；边远地区文化的发展别具一格。文化发展有内部动因，文化在相互比较、借鉴、冲击中不断发展。近年来新潮文化与传统文化、本土文化与西方文化、通俗文化与严肃文化、高层文化与浅层文化互不示弱，叠彩纷呈。这些文化与商品经济社会多种经济成分并存、多种分配形式并存有着不可分割的渊源关系。

（二）良莠交错，真伪难辨

现代大众传播手段和文化市场的发展，形成了社会文化环境信息多渠道、多方面作用于人的局面。广播电视每天传递着大量信息，图书种类成倍增长，街头书摊到处可见，人们在文化选择上趋于多样化，自由度比较大。这种状况给教育工作带来了新的问题。一是文化环境信息的过滤性减弱。庞杂的信息，良莠交错、真伪难辨。在较为封闭的环境下，信息经过多级传递、多层过滤后才到达青少年。而在开放的环境下，多方面的信息直接传递给青少年。二是学校教育的可控性减弱。社会文化信息多样，大环境中消极因素普遍存在，青少年接触社会文化生活的面扩大，这往往容易导致学校教育的可控性减弱。在信息良莠交错、真伪难辨的状态下，需要社会各方面积极配合学校搞好教育工作。

（三）形式多样，印象深刻

社会文化环境的变化与文化传播手段和载体密不可分。在古代，文化传播的手段和载体主要是迁徙、通商和战争。在今天，现代化的文化传播手段载体层出不穷，各种学术交流、旅游、体育竞赛、访问演出，以及高科技的光纤通信、卫星传播等把文化信息传遍全球。与此同时，文化的形式变化迅速，古老的文化演化为现代的文化，出现了文化科学"大爆炸"，吸引着大批莘莘学子探索文化科学的奥秘；而文化娱乐则不分童叟男女几乎人人需要。随着大众文化的普及，群众性、消遣性、娱乐性文化活动蓬勃发展。

总之，社会文化环境在改革开放的条件下，对学校文化建设来说是一个不可忽视的影响源，社会文化生活从不同角度、不同层次，以不同的方式作用于人，影响着人的身心健康，并潜移默化地影响着人的思想和行为。因此，对社会文化环境必须提出优化的要求。

三、社会文化环境优化要求

改革开放以来，社会文化环境变化大、问题新，对学生影响甚大，加强对学生的文化引导，就不能不对社会文化环境提出要求。要从文化建设措施等方面系统优化社会文化环境，具体应从以下几个方面进行。

（一）建设有中国特色的社会主义新文化

邓小平同志提出的关于建设有中国特色的社会主义的基本理论，是对毛泽东思想的新发展，是指导我们建设社会主义现代化国家的锐利武器。毛泽东同志在《新民主主义论》中指出："我们共产党人，多年以来，不但为中国的政治革命和经济革命而奋斗，而且为中国的文化革命而奋斗；一切这些的目的，在于建设一个中华民族的新社会和新国家。在这个新社会和新国家中，不但有新政治、新经济，而且有新文化。"同样地，建设有中国特色的社会主义，不但要建设有中国特色的社会主义政治和经济制度，而且要建设有中国特色的社会主义新文化，这是我们在新的历史时期优化社会文化环境的基本宗旨和要求。

第一，建设符合中国国情、体现时代风貌的新文化。有中国特色的社会主义新文化，就是我们的民族形式与社会主义内容相结合的新文化，它的本质和主体应该是符合中国国情的。这种新文化以有中国特色的社会主义政治和经济制度为根据，反过来又给予政治、经济制度以巨大的影响。如果不能建成这种新文化，建设有中国特色的社会主义的历史任务就不可能真正完成。

第二，植根于中华民族文化的深厚土壤，汲取人类文明的一切优秀文化成果。列宁曾说："无产阶级文化并不是从天上掉下来的，也不是那些自命为无产阶级文化专家的人杜撰出来的，如果认为是这样，那完全是胡说。无产阶级文化应当是人类在资本主义社会、地主社会和官僚社会的压迫下创造出来的全部知识。"现代文明无一不是在已有的物质和文化基础上建立起来的。因此，建设有中国特色的社会主义新文化，一定要植根于中华民族文化的深厚土壤，深入研究中国的历史文化，弘扬中华民族的优良传统，同时，积极汲取人类文明的一切优秀文化成果。"古为今用、洋为中用、推陈出新"完全适合我们建设有中国特色的社会主义新文化的指导方针。

第三，坚持一手抓"扫黄"，一手繁荣文艺。西方腐朽文化的侵入和资产阶级自由化思潮的泛滥，会严重腐蚀人们的心灵，毒化社会文化环境。实践证明"扫黄"是净化社会文化环境的必由之路，"扫黄"斗争要永远坚持下去。与此同样重要的是创作足够多的健康的精神产品，去占领文化市场和各种娱乐场所；占领人们的业余时间和精神空间，坚持繁荣文艺是优化文化环境的必然要求，应充分发挥文艺稳定社会和鼓舞人民的积极作用，努力满足人民群众日益增长的精神文化生活需要。

第四，把建设有中国特色的社会主义新文化作为一项长期的浩大的系统工程，循序渐进优化社会文化环境。建设有中国特色的社会主义新文化既要继承"五四"以来的无产阶级新文化和社会主义建设中取得的文化建设的重要成果，又要研究如何实现民族形式与社会主义内容的有机结合，研究各门学科和各个领域的内容、构架、体系、发展趋势及其相互关系。因此，这是一项浩大的系统工程，又是彻底实现社会文化环境优化的现实的、重大的社会文化课题。只要我们明确方向，坚持不懈地努力，就能随着有中国特色的社会主义经济、政治制度的发展，建立起无愧于先人和当代的有中国特色的社会主义新文化。

（二）建立统一的社会文化教育管理机构

经验证明，优化社会环境，必须在各级党委和政府部门的统一领导下，协调各方面的力量，建立统一的社会文化教育管理机构。

一是要使有战略意义的青少年教育工作有协调、有分工并能落到实处，党中央应成立专门协调机构，或委托有关党政部门牵头此项工作，从组织上保证落实。

二是要使培养身心健康的下一代成为全社会的共同认识。各级宣传、教育、新闻、文艺、出版、影视等各部门和工会、青年团、妇联等群众组织必须在上述共同目标下规划自己的工作。

三是要明确各有关部门的责任，把工作落到实处，有督促，有检查。在教育青少年问题上要使工作具体化，并采取切实可行的措施，经常性地开展督促检查。

（三）加强社会文化宣传机构职工队伍素质教育

1979 年 7 月 15 日，根据党中央〔1979〕58 号文件精神，中宣部、教育部、文化部（现为"文化和旅游部"）、公安部等 9 单位联合发出《关于在青少年教育工作中各有关部门的职责和分工试行意见的通知》，对各部门职责作了详细规定，1988年12月，党中央发出的《中共中央关于改革和加强中小学德育工作的通知》中，再次强调新闻出版、广播影视、文化艺术等一切从事精神产品的部门，要把为广大中小学生提供丰富健康的精神产品作为义不容辞的责任。当前，各级各类文化宣传教育部门要把提高队伍素质当作利国利民的头等大事去抓，为广大青年提供优秀精神食粮，自觉担负起社会文化环境建设主力军的责任。

（四）社会文化生活管理要纳入法制轨道

国家对社会文化生活的管理，必须从过去只依靠政策转向既依靠政策，又依靠立法。社会文化生活管理必须纳入法制轨道。"七五期间"，文化部加强对社会文化生活的管理，将重点放在增强艺术表演团体的活力、完善文化市场的调节和管理体制，以及增强文化立法工作的科学性和计划性期间，我国在搞好基础工作的同时，加快了文化立法工作，出台了有关文化的基本法。如今，《中华人民共和国图书馆法》已出台，而《中华人民共和国文化事业投资法》《中华人民共和国文化市场法》《中华人民共和国博物馆法》等一批重要法规也应尽快出台，并依据有关文化法抓紧制定一批行政法规，使之配套，尽快改变我国文化事业在较长时期主要依靠政策进行管理的状况，今后一段时期，要强化文化法制建设，以适应社会文化环境优化的要求。

第三节　家庭文化环境、社会文化环境
与学校文化环境的联系

学生的发展和对他们的培养，是受家庭和包括学校教育在内的社会文化环境共同制约的。因此，要想为学生的发展特别是他们的健康成长寻找到最佳的教育方式，就不仅要考虑家庭文化环境、学校文化环境、社会文化环境，而且要使三种文化环境在教育学生上协调一致，互相配合。我们认为，树立起正确的环境观、文化观和教育观是前提，将三种文化环境紧密联系是途径。

一、树立正确的环境观、文化观和教育观

一般认为，影响学生发展的环境是三维的，即家庭、学校和社会。这是一种通过对现实环境做静止的外部考察而得出的环境观。实际上，由于时间流动和社会发展是绝对的，因而只有伴随时间流动和社会发展而不断变动的环境，而不存

在绝对静止的环境。所以影响人发展的社会环境因素并不是三维的，而是四维的，这第四维系就是反映环境变动发展的历史过程。这样我们所理解的就不是一种静止状态下的环境，而是一种变动状态下有可能选择、优化的环境。

马克思主义从来不仅强调环境对人的发展的决定性的作用，而且也重视在一定程度上和一定范围内，人对周围环境的反作用。其认为人并不是消极被动地、静止地接受外在力量的教育和影响，而是通过自己的实践活动能动地作用于客观对象。人在革命活动中，在改革环境的同时也改变着自己。环境的改变和人的活动的一致，只能被看作并合理地理解为革命的实践。这说明，在实践中，人是有接受环境影响的一面，又有主动地影响周围环境的一面。

首先，既然人有接受环境影响的一面，那么，对学生影响的环境就有有利的环境和不利的环境，所以，只有有了正确的环境意识，才能主动地选择、改造和重视环境。

其次，毫无疑问，任何人既不能改变以往的环境，也不能排除现实环境中的有不利影响的文化要素。但是，只要我们掌握了文化教育的活动规律，就完全有可能通过正确判断有效地组织一定的文化，很显然，这就是文化环境的优化组合，并使之有效地贯穿到现实的教育环境中，对学生进行培养和教育。

最后，我们应当充分考虑不同学生在以往所处的不同生活环境，以及以往环境因素在他们身上留下的不同的影响和积淀。一般说来，虽然我们不能像选择历史文化遗产那样，选择积淀于不同人身上以往的环境因素，但可以根据每个人的生活历程及其对他们现有发展水平的影响，为他们设计和提供一些能促进他们健康成长的环境条件（包括提供抵制以往不利影响、利用以往有利影响的条件）。

二、三种文化环境的联系

国外十分重视学校与社会及家长的联系，其目的也是为学生创造一个和谐的校内外教育环境。这也促使我们从理论上探讨社会与学校及家庭之间的联系，社会文化对教育事业和个体发展的深层影响。

（一）互相交流，形成文化教育网络

在一些发达国家，它们非常强调学校在当地的生产、福利事业、道德风尚和社会教育工作等方面的作用，把学校看作当地发展的"精神堡垒"和支柱，同时，学校教育又注意自身的开放性，强调教育为当地发展服务，与当地的生产、生活

和精神文化的要求相适应。在我国，无论城市还是农村学校相对其他生产部门是有文化优势的。教师知识面广、知识结构合理，善于不断吸收新的知识、新的信息。有的职业学校还自己办厂，使教学、科研和生产劳动相结合。这些，对帮助当地经济发展和农民致富脱贫都是很有益的。只有在学校发挥文化优势保持自身开放的条件下，学校和社会才能建立起密切的联系。

学校、家庭、社会教育的有机结合是形成内外合力的重要形式。建立社会文化机构的教育网络，适当控制、优化社会文化环境，引导学生接受大众文化信息，使学校文化建设具有稳定性、可控制性和向社会延伸的开放性。

（二）健全三方参加的协调机构

国外许多中小学成立了联系社会、家长的机构，日本有"家长、教师联合会"，英国有全国性教师家长联合会，加拿大有"家庭学校联盟"，苏联有"家长委员会""社会教育委员会"。这些机构协助学校工作，参与解决学校中的问题，负责家长同学校之间的联系，协助学校对学生进行就业指导，组织开展家庭教育经验交流，普及教育学知识等。

学校文化建设是一个系统工程，需要三方定期研究，齐抓共管。应由教育行政部设置的社会教育机构牵头，确保学校与社会及家庭之间的沟通顺畅，彼此沟通的方式主要有：

①成立家长委员会，其中大部分是学生家长，也可以聘请一些社会知名人士加入。他们要常到校听课，检测教师、学生的教学情况，指导学生的课外活动，重视学生在体育、美育等方面的发展情况。

②在地方主持或配合下开办家庭学校，旨在提高家长的自身素质和教给他们有关家庭教育方面的知识、方法。

③出版家庭教育刊物。当地教育机构利用刊物，使家长明确学校动态和活动情况，向家长宣传家庭教育的科学知识，推广教育子女的好经验。

④举办家教观摩、家教事迹展览和学校情况展览，以促进社会、家庭与学校之间的相互了解。

总之，只有协调社会、家庭、学校三方教育力量，才能促使学校的文化教育置于适度可控的环境。

参考文献

［1］冯如希.生态学校文化的构建［M］.上海：上海教育出版社，2010.

［2］高益民.学校文化凝练［M］.北京：教育科学出版社，2013.

［3］贾长胜.学校文化的理论与实践［M］.北京：新华出版社，2014.

［4］潘国洪.学校文化建设探索［M］.广州：暨南大学出版社，2010.

［5］叶和丽.解码学校文化［M］.长春：东北师范大学出版社，2021.

［6］叶向红.绿色教育理念下学校文化建设的思与行［M］.北京：知识产权出版社，2019.

［7］张东娇.学校文化管理［M］.北京：教育科学出版社，2013.

［8］赵中建.学校文化［M］.上海：华东师范大学出版社，2004.